KB151347

초등학교 입학, 1학년 생활의 모든 것

학부모가 알아야 할 모든 Tip

김미자

박영story

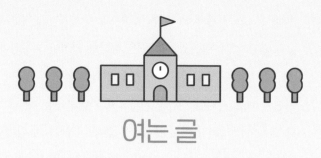

여는 글

"네 아부지 뭐하시노?"

영화 <친구>에 나오는 대사입니다. 선생님이 학생을 다그치기 전에 대뜸 묻는 말이 아버지에 대한 것입니다. 그 말속에는 여러 의미가 내포되어 있지만 '아버지가 어떤 사람이기에 가정교육을 이렇게 시켰냐?'라는 의미일 것입니다.

그러나 요즘에는 상황이 역전되었습니다.

"너희 선생님은 왜 그러시니?"

요즘 학부모님들은 자녀가 학교생활에서 어려운 일에 처하거나 불편한 상황이 생기면 담임교사나 담당교사한테 정황을 파악하기보다는 즉각 학교장이나 교육청에 민원을 넣습니다. 민원 내용을 들여다보면 학교 폭력 문제부터 교우관계, 생활지도, 건강 문제, 학습지도까지 총망라하여 매우 다양합니다.

2022년에 민원을 받아본 제 사례입니다.

'학교 수업 시간에 선거나 투표 같은 정치적인 것을 왜 가르치냐?'는 항의 전화였습니다.

2015 개정 교육과정에서는 사회시간에 세계 시민교육으로서 선거나 올바른 투표를 하기 위한 방법과 절차를 삶과 연관 지어 '살아있는 교육'을 하라는 지침이 제시되어 있고, 교사는 그것에 맞추어 성실히 가르친 것인데 그것에 대해 항의 전화를 받은 것입니다.

그 학부모님은 당신이 학교 다니던 시절을 기준으로 자녀교육을 바라보셨던 것입니다. 급변하는 산업사회와 글로벌한 사회 속에서 살아남을 인재를 양성하기 위해 수시로 개정되는 교육과정을 조금이라도 아셨으면 이런 민원을 제기하지 않으셨을 것입니다.

이 책은 바로 그런 차원에서 기획된 것입니다.

이전과는 확연히 달라진 교육과정과 학교 시스템, 자녀의 신체적 · 정신적 발달 단계에 대해서 알고, 미리 대비하여 자녀를 학교에 보내신다면 자녀가 보다 원활하게 학교생활을 할 수 있을 것입니다. 따라서 이 책은 단순히 학교교육에 대한 내용을 일방적으로 소개하는 데 그치지 않고, 그에 적절한 방법으로 가정에서 자녀를 훈육하고 지원할 수 있는 학부모 Tip을 중심으로 해법을 제시하였습니다.

이 책에는 입학에 필요한 준비물이나 입학식 절차 등에 대한 내용을 시작으로 자녀의 신체적 · 인지적 · 정서적 · 사회적 발달 단계에 따라 나타나는 특징과 그에 대한 부모의 대응 방법을 기술하였습니다.

또한 학교 시스템에 대해 세부적으로 분류하여 명시하였습니다. 학기 구분, 학교생활 시간표, 체험학습이나 돌봄교실, 다양한 학부모회의 종류와 운영 형태 그리고 1년간 학교가 어떤 행사와 활동으로 움직이는지 자세히 설명하였습니다. 학부모님께서 이 과정을 알고 계신다면 1년 동안 허둥대지 않고 순차적으로 준비하실 수 있을 것입니다.

또한 1학년 교과서와 학습이 어떤 내용 체계로 진행되는지, 각 교과별로 배울 내용은 어떤 것들이며 어느 범위까지 배우는지, 그것들을 좀 더 쉽게 배우고 익히는 방법이나 주의사항들은 어떤 것이 있는지를 학부모 Tip 중심으로 기술하였습니다.

초등학교에 보낼 준비를 아무것도 하지 않아서 걱정이 되신다면 '입학 전에 익혀야 할 것'에서 등하교 시 안전을 위한 주의사항과 오롯이 혼자 스스로 학교생활을 하기 위해 훈련해야 할 영역과 방법, 학습 영역에 대한 준비 사항 등을 살펴보시면 도움이 되실 것입니다.

이 외에도 Q&A를 통해 가장 궁금해하는 문제 상황과 그에 대한 대처 방법 등을 보완하였습니다.

무릇 모르면 불안하고 걱정이 많아집니다.

모르는 것은 관심을 갖고 알아 가면 되고, 불안한 마음은 더 많은 정보들을 얻고 대책을 세우면 차츰 사라질 것입니다.

차를 운전하기 위해 교통 법규를 알고 운전하는 법을 익혀야 하듯이, 이제 부모님들도 자녀를 초등학교에 보내기 위해 학교 시스템을 알고 학교 교육과정에 대해 공부하셔야 합니다.

새로 시작하는 학부모님과 입학생들에게 파이팅을 외쳐봅니다!

목차

부록 | Q & A · 148

PART 1

입학 과정과 준비물

1 입학 연령·조기 입학·취학 연기·취학 유예

1 취학 연령

우리나라의 경우 초등학교는 의무교육기관이므로 만 6세가 되면 의무적으로 초등학교에 입학해야 합니다. 최근 들어 초등학교 입학 연령에 대한 조정 이야기가 나오지만 아직까지 우리나라는 만 6세가 되면 취학통지서가 나옵니다. OECD 국가 초등학교 취학 연령은 다음과 같습니다.

| OECD 국가 초등학교 취학 연령 |

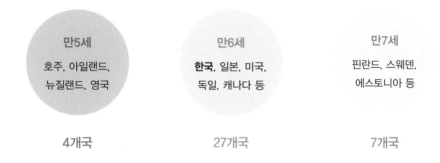

2 조기 입학 · 입학 연기 · 취학의무 유예

우리나라는 만 6세가 되는 해의 1월 1일생부터 12월 31일생까지는 모두 같은 해에 입학을 하게 됩니다. 그러나 1년에 한해서는 '조기 입학'이나 '입학 연기'를 신청할 수 있습니다. 또한 건강 문제나 기타 개인적인 여건들이 맞지 않을 때에는 취학의무 유예를 신청할 수 있습니다.

구분	내용	비고 및 Tip
조기 입학	• 취학 연령보다 1년 먼저 입학하는 제도	• 1년만 가능 • 10월 1일-12월 31일 (거주 지역 주민센터에 신고)
입학 연기	• 취학 연령보다 1년 늦게 입학시키는 제도	
취학의무 유예	• 발육부진이나 질병, 행방불명 등 기타 취학 유예가 필요하다고 학교장이 인정하는 경우 • 절차: 학부모 신청 → 의무교육관리위원회 심의(학교 내 설치. 학생 참석 필수) → 승인 여부 확정 및 통보(학교장) • 제출 서류: 의사진단서, 그 외 증빙자료	• 의무교육관리위원회 심의에 반드시 학생이 참석(해외 거주 또는 심각한 질병일 경우에는 보호자가 대리 참석 가능)

3 기타

구분	내용	비고 및 Tip
특수교육 대상자 신청	• 대상자: 시, 군, 구 특수교육운영위원회로부터 특수교육 대상자로 진단, 판정받은 자 • 입학 절차 - 보호자의 희망을 고려한 학교 배정 학구 내 일반 학교 → 특수 학교 → 특수 학급 • 주민등록 이전 없이 거주지와 가까운 특수 학교(급)에 입학 가능	• 특수교육 대상 학생은 장애 정도에 따라 특수 학급이나 특수 학교에 입학할 수 있음 • 특수 학급에 입학하더라도 학교에서 배정한 교과 시간에는 일반 학생들과 수업을 병행하기도 함
주민등록 말소, 불법체류 아동의 입학 신청	• 임대차 계약서, 거주 사실, 인우보증서 등을 통하여 거주 사실을 확인할 수 있으면 국내 학교에 입학 또는 전학 가능	• 인우보증서(가까운 관계에 있는 사람들이 증명하는 서식)

② 입학 절차

우리나라의 초등학교는 크게 공립·국립·사립 초등학교로 나뉘며, 국립·사립학교의 경우 입학 절차는 국립·사립학교의 일정에 따라 달라집니다.

1 공립학교의 입학 절차

공립 초등학교는 국가의 재정지원으로 운영되는 학교로 전국 시도교육청의 운영 방침을 따릅니다.

공립의 경우에는 주거지를 기준으로 주민센터에서 취학 아동 명부를 작성하므로 다음과 같은 입학 절차를 따릅니다.

|공립 초등학교 입학 절차와 시기|

11월	12월 초	12월 중순	1월 중순	3월 첫 등교일
취학 아동 명부 조사 (읍면동장)	취학 아동 명부 열람 (10일간, 읍면동 주민센터 담당)	각 가정으로 취학통지서 배부	신입생 예비소집 (취학통지서 제출)	입학식

2 사립학교의 입학 절차

국립·사립학교에 입학하는 경우에는 절차가 복잡하므로 학부모님이 신경을 많이 써서 진행하셔야 합니다. 절차는 다음과 같습니다.

|국·사립 초등학교 입학 절차와 시기|

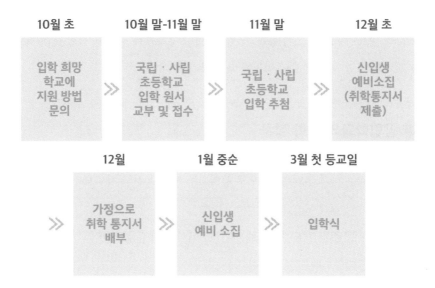

3 취학통지서

◉ 취학통지서란

 취학이란 의무교육기관인 초등학교에 처음 들어가는 것을 말합니다. 따라서 취학통지서
란 초등학교에 입학할 준비를 하라는 통지로, 온라인을 통해 발급받거나 12월 중순에 가정
으로 배달됩니다.

 취학통지서에는 아동의 성명, 주민등록번호, 취학학교, 예비소집 일시, 입학 일시, 등록기
간, 보호자 성명과 연락처가 기재되어 있습니다. 예비소집 일시나 입학 일시는 입학 예정 학
교마다 다르므로 잘 살펴보아야 합니다.

● 취학통지서 온라인 발급과 제출 서비스

취학통지서는 12월 중순에 가정으로 배달되기도 하지만 온라인으로 발급받고 제출하는
방법도 있습니다.

▶ 온라인 발급

[온라인 취학통지서 발급 서비스]

1. 신청사이트: 정부24 홈페이지(https://www.go.kr)
2. 신청기간: 2022.12. 3.(토) ~ 2022.12.12.(월), 10일간
3. 서비스 내용: 취학통지서 열람·발급(출력 및 PDF 형식 저장)

1. 온라인 취학통지서 열람 기간을 확인하고 열람
   합니다(12월 초에 10일간 열람 가능).
2. 정부24 홈페이지에 접속하여 '취학통지서 온라
   인 신청'을 검색하여 서비스 탭을 클릭합니다.
3. 취학통지서 온라인 신청 페이지 하단에 발급 버
   튼을 클릭합니다.
4. 로그인합니다.
5. 지역설정, 취학 아동정보 입력 및 서비스 이용 동
   의 후 민원 신청하기를 클릭합니다.
6. 개인인증 후 열람할 수 있습니다.

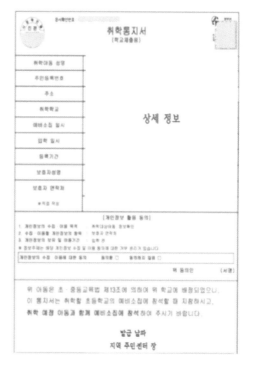

▶ 온라인 제출

2022년부터 정부24에서 온라인 제출이 가능하게 되었습니다. 그러나 직접 학교에 가서 제출하면서 아이와 함께 학교를 둘러보는 것도 좋습니다.

2023학년도 취학통지서 온라인 제출 서비스 안내(2022.12.2. ~ 12.12. 18:00)

2022.11.11

행정국
자치행정과

전화   02-2133-5825

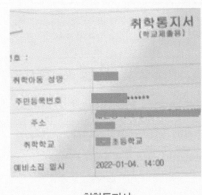

<취학통지서>

• 취학통지서 양식은 지역마다 다름

<취학통지서 접수>

• 배정된 학교에 가서 취학통지서 접수

• 취학통지서 접수 후 학교 운동장과 교실을 한 바퀴 둘러보고 오는 것도 아이에게는 의미가 있음

• 취학통지서를 접수하면 학교마다 오리엔테이션 자료 제공(입학 준비물, 생활지도 등 참고사항이 적혀있음)

③ 입학식

자녀의 초등학교 입학은 학부모님이나 아이에게 매우 큰 의미를 지닙니다. 초등학교라는 교육기관에서 6년을 보내야 하므로 '입학'이라는 시작을 즐겁고 신나는 추억으로 만들어주는 것이 필요합니다.

⟨입학식 절차⟩

입학식 날 아침

3월 첫날
(공휴일이
아닌 평일)

- **입학식과 개학식은 같은 날**
  - 입학식은 대부분은 3월 2일(평일)로, 2-6학년 학생들의 개학식과 같은 날 실시
  - 입학식보다 30분 일찍 가기
- **옷차림과 준비물**
  - 단정한 옷차림(지나치게 왕자님, 공주님같은 옷차림은 아이가 불편할 수 있음)
  - 가방, 신주머니
- **준비물**
  - 입학식 행사가 끝난 후 교실로 들어가는 경우가 많으니, 가방과 실내화를 들고 등교함. 입학식날 교실에서는 가정통신문 등을 나누어 주므로 가방에 담아올 수 있도록 함

입학식 행사 사전 활동

(10시 30분
-10시 50분)

- **자녀의 반, 번호 확인하기**
  - 입학 행사장에 들어가기 전에 자녀의 반, 번호를 확인(자녀한테도 알려주어야, 입학식장에 가서 자녀가 선생님께 스스로 반, 번호, 이름을 말할 수 있음)
  - 반, 번호는 학교 홈페이지나, 전자 가정통신문 등을 이용하여 안내됨
  - 학교에 따라서 교문 입구에 반, 번호를 붙여놓는 경우도 있음
- **학교 둘러보기**
- **포토존에서 미리 사진 찍기**
  - 포토존은 학교에서 입학식 기념 촬영을 할 수 있게 아트풍선 등으로 꾸며진 곳
  - 입학식이 끝난 후 이곳에서 촬영을 하려면 매우 붐벼서 오랫동안 기다려야 하므로 미리 촬영을 하면 입학식 행사 후 좀 더 여유 있는 시간을 가질 수 있음

입학식 행사

(11시–12시)

- **입학식 식순(학교마다 다를 수 있음)**
  - 개식사 → 국민의례(국기에 대한 경례, 애국가 제창) → 입학 허가 선언 → 담임 선생님 소개 → 교장선생님 말씀 → 대면인사(입학생, 재학생) → 교가 제창 → 폐식사
  - 입학식은 1시간 정도 진행되는데, 아이들은 1시간 동안 제자리에 앉아 있는 것이 힘들어서 몸을 움직이거나 장난을 치는 경우도 있음
- **애국가 사전 지도**
  - 입학식은 학교 공식행사로 애국가를 부르므로 사전에 지도(유치원에서 미리 배우는 경우도 있음)
- **입학식 참관**
  - 부모님들은 행사장 뒤편에 서서 행사를 참관하거나 행사장이 좁을 경우에는 자녀 교실에 가서 TV 모니터로 참관하는 경우도 있음

입학식 후 활동

(12시–12시 30분)

- **교실로 이동하기**
  - 입학식이 끝나면 교실로 가서 마무리
- **실내화 갈아 신기**
  - 실내화를 준비
- **교실에서의 활동**
  - 교실에 들어서면 선생님이 정해주는 자기 자리 앉기(자리는 한 달 또는 2주일 등 학급 상황에 따라 짝과 자리를 바꿈. 키가 작거나 눈이 나쁜 아이의 경우에는 선생님과 상의하여 조정할 수 있음)
  - 담임 선생님이 출석 이름을 부르면 또렷한 목소리로 대답하기
  - 담임 선생님이 배부하는 안내자료(가정통신문이나 제출해야 할 서류 등)를 잘 챙기고 전달사항도 잘 듣기
  - 선생님이 인솔하여 교문까지 하교 지도함

기념 촬영하기

(하교 후)

- **기념사진 찍기**
  - 공식 행사가 끝나면 학교 포토존이나 교실 앞에서 기념 촬영을 하거나 같은 반 친구와 같이 찍기
- **꽃다발**
  - 입학식 기념으로 대부분은 꽃다발을 준비하는데, 학교 앞에서 파는 꽃은 급조로 만들어진 것들이라 꽃집에서 예쁜 꽃으로 미리 주문하기(이때, 기념이 될 만한 카드 한 장 넣는 센스)

점심 식사

- **식당 예약하거나 한가한 식당 알아두기**
  - 공식 행사가 끝나면 가족과 함께 식사시간을 가질 수 있는데, 학교 주변 식당은 붐비므로 사전에 예약을 하거나 조금 떨어져 있더라도 한가한 식당 알아두기
- **학교 급식하는 경우**
  - 입학식 날부터 학교 급식을 하는 학교가 더러 있음

 참고

입학식 포토존

▶ 입학식이 끝나면 운동장이나 강당에 세워진 포토존에서 기념 촬영을 할 수 있음

 **입학 준비물**

자녀가 입학을 하게 되면 지인이나 친척들이 입학 기념 학용품을 사주는 경우가 많습니다. 그러나 무조건 비싸고 예쁜 것만을 고집하면 실용적이지 않아서 자녀들이 불편을 겪을 수 있으므로 학용품 구입 시 다음과 같은 사항을 참고하시기 바랍니다.

물품	권장 용품	
옷차림	단정하고 활동성 있는 옷	• 눈에 잘 띄는 밝은 색으로 용변 보기 편한 옷 • 날씨를 고려한 알맞은 옷차림 • 활동하기 편한 옷
가방		• 가방 속 내용물을 넣고 빼기 쉬우며 어깨에 메고 다니기에 편한 것 - 학교는 계단이 많아서 끌고 다니는 것보다는 어깨에 메고 다니는 것이 편리함 - 캐리어나 딱딱한 재질의 가방은 다치기 쉬우므로 부적합 - 캐리어의 경우 끌고 다니다 자기 발을 찧거나 친구의 발을 다치게 하는 경우가 많음 • 가방 옆에 물통을 넣을 자리와 앞쪽에 간단한 소품을 넣을 앞주머니가 있는 것 - 물통이 들어갈 자리가 있으면 본체를 열지 않아도 편리하게 물을 마실 수 있으며 물을 쏟아도 책이 젖지 않음. - 앞주머니가 있으면 가방 속에 따로 파우치 등을 준비하지 않아도 되고 꺼내 쓰기 쉬워 편리함. • 책상에 걸 수 있도록 고리가 위쪽에 있는 것
신주머니		• 신주머니는 헝겊이나 부드러운 재질로 된 것 • 앞쪽에 보조주머니가 달려 있고 입구 쪽에 잠금장치가 있는 것이 좋음. - 신주머니는 보조가방 대용으로도 이용하는 경우가 많으므로 앞주머니를 자주 사용함 - 남학생의 경우 신주머니로 장난을 치다 실내화가 날아가서 분실하는 경우가 많으므로 신을 넣는 입구 쪽에 단추나 지퍼로 잠글 수 있는 것이 좋음

운동화		• 구두보다는 운동화가 좋음 • 혼자 신고 벗기에 편한 것으로 끈을 묶는 운동화보다는 찍찍이 신이 좋음 - 1학년 아이들은 혼자 끈을 묶지 못하는 경우가 많아 끈이 풀어져도 풀린 채 걷다, 끈을 밟아 넘어지는 경우가 있음 • 장화는 활동성을 고려하여 발목 정도까지 오는 것
실내화		• 실내화는 흰색에 구멍이 뚫린 것 - 앞이 막힌 실내화는 발에 땀이 차거나 발 냄새를 나게 함 • 겨울에 털실내화를 신는 경우 바닥이 미끄러워서 넘어지는 사고가 많이 나므로 학교에서는 금지하고 있음 • 실내화는 두 켤레 사서 한 개는 학교 사물함에 넣어두어, 안 가져왔을 때 사용할 수 있도록 해야 함
필통		• 헝겊 또는 부드러운 재질로 만들어진 필통 • 철제나 플라스틱 필통은 달그락거리거나, 바닥에 떨어뜨리는 경우 큰 소리가 나서 수업 중 큰 방해가 됨 • 필통 속에는 연필만 넣는 것이 아니라 지우개, 가위, 풀, 작은 자 등을 넣고 다니므로 딱딱한 재질로 된 필통보다는 신축성이 좋은 헝겊 필통이 좋음
공책 알림장과 8칸 또는 10칸 공책		• 알림장은 학교에서 가정으로 보내는 일종의 공지사항이니 매일 확인해야 함 • 주로 준비물이나 과제, 알림 사항 등을 기록함 • 1학년 1학기 초에는 한글을 모르는 아이들이 많으므로 담임 선생님이 알림장에 인쇄물을 붙여주다가, 한글을 배우면서 차츰 아이들이 스스로 쓰게 함 • 알림장을 다 쓴 후에는 대부분의 담임 선생님이 알림장을 검사하고, 가정에서도 알림장 확인 후 사인을 해주어야 함

- 공책은 한글을 배우면서부터 쓰기 시작함
  - 처음에는 8칸 공책을 사용하다가 10칸으로 옮겨가는 경우가 대부분이나 처음부터 10칸으로 쓰는 경우도 있으므로 담임 선생님의 요구에 따라 구입하는 게 좋음
  - 글씨 쓰기를 처음 하는 단계에는 칸 안에 점선으로 가로와 세로 보조선이 있는 공책이 좋으나 담임 선생님의 요구에 맞는 것을 구입하는 게 좋음

| 연필 | | - 연필은 B 또는 2B연필이 좋음
(연필은 흐린 H부터 진한 B연필이 있으나, 흐린 것으로 쓸 경우 손에 힘을 많이 주어야 하므로 조금만 힘을 주어도 잘 써지는 2B연필이 적당)
• 연필마다 이름 써주기(또는 이름 적힌 스티커 붙여주기) |

| 지우개 | | • 지나치게 물렁한 지우개보다는 약간 단단한 지우개가 좋음
- 물렁한 지우개의 경우 지우다가 갈라지거나 지우개 가루가 너무 많이 나옴
- 너무 단단한 경우에는 지우다가 공책이 찢어지는 경우가 있으므로 약간 단단한 지우개가 좋음
• 지우개가 너무 클 경우 필통을 꽉 채워 공간을 비좁게 함 |

| 풀 | | • 물풀보다는 딱풀이 좋음
- 딱풀은 손에 묻지 않고 접착력이 좋아 쓰기 편함
- 물풀의 경우에는 짜서 써야 하므로, 아이들이 힘 조절을 못 해서 풀이 많이 나올 경우 마를 때까지 시간이 오래 걸림 |

| 가위 | | • 학생용 가위
- 끝이 뭉툭한 안전 가위는 찔리지 않도록 만들어짐
- 일반적인 학생용 가위도 훈련을 하면서 사용하면 적당함
• 가위질을 하면서 손의 힘도 길러야 하므로 유아용 가위는 피해야 함 |

| 투명
테이프 | | • 입학 초기에는 풀보다 테이프로 붙이는 것이 더 편리하여 아이들은 테이프를 더 애용함
• 테이프를 자르다 손을 다칠 수 있으니 안전장치가 되어 있는 테이프를 선택해야 함 |

싸인펜		• 일반적인 굵기의 12색 수성 싸인펜이 좋음 • 심이 두꺼운 싸인펜(노마르지 싸인펜)은 글자가 너무 두껍게 쓰이고 잉크가 빨리 닳음 • 싸인펜마다 이름 써주기(또는 이름 적힌 스티커 붙여주기)
색연필		• 12색으로, 돌려서 심을 조절하는 색연필이 좋음 • 나무 색연필은 색감이 부드럽고 색상이 많아서 좋으나 연필심이 너무 가늘어서 색칠하는 데 시간이 오래 걸리며, 수시로 깎아서 써야 하므로 1학년생에게 부적합 • 색연필마다 이름 써주기(또는 이름 적힌 스티커 붙여주기)
크레파스		• 24-48색 크레파스가 적당함 • 학교에서 권하는 것은 14-20색 정도인데, 색칠을 하다 보면 표현하려는 색이 부족하다는 것을 느껴서 주변 친구들한테 없는 색을 빌리는 경우가 많으니 20색 이상이어도 됨 • 많이 쓰는 단색은 낱개로도 판매함 • 오일 파스텔은 부적합 • 크레파스 낱개마다 이름 써주기(또는 이름 적힌 스티커 붙여주기)
자		• 필통에 넣어 가지고 다닐 수 있는 15cm 플라스틱 자
기타 (사물함에 보관해야 할 것)	여벌 옷 (상하의)	• 여벌 옷은 다음과 같은 경우에 필요함 - 화장실 사용이 원활하지 못해서 옷이 젖을 경우 - 배변 중 실수할 경우 - 토할 경우(체했거나 감기, 우유 마시고 토하는 경우) 등 • 평소에 여벌 옷을 사물함에 보관하는 것이 좋음 • 여벌 옷이 없을 경우 담임 선생님은 학부모님께 전화하여 옷을 가져오라고 요청함
	긴소매 옷	• 여름철에 에어컨을 켜면 추위를 많이 타는 아이들은 긴소매 얇은 옷을 준비해 주면 겉에 걸칠 수 있음
	우산	• 갑작스러운 비 대비용 우산(접이 우산) • 평소 드는 우산은 가볍고 안팎이 다 보이는 투명한 것, 우산꽂이에 꽂을 수 있는 긴 우산이 좋음

스쿨뱅킹 통장	학교 기관 사용 통장	• 요즘에는 학교 선생님이 활동비를 직접 돈으로 걷지 않고 학생 개인 통장으로 납부함(p. 77 '스쿨뱅킹' 부분 참고) • 학교에서 지정해주는 은행에서 학생 개인 통장 개설하기 • 용도: 현장학습비, 방과후학교 교육비 등 통장에서 차감되므로 평상 시에 10만 원 내외로 여윳돈 넣어놓기(단, 방과후 활동비는 1개월 단 위가 아니라 분기별로 출금하므로 여러 강좌를 신청할 경우 목돈이 출금됨)

PART 2

1학년 아이 발달 단계에 따른 특징

자녀가 1학년이면 부모도 1학년이라는 말이 있습니다. 처음으로 학교를 보내는 부모 또한 모든 것이 처음이라 시행착오를 겪기 마련입니다. 따라서 내 자녀의 발달 단계에 따른 신체적 특징과 사고방식, 생활 방식, 남녀 아이들 간의 특징 등을 안다면 상황에 따라 적절히 대응할 수 있을 것입니다.

신체적 특징

 신체적 특징

- 이갈이를 통해 영구치가 나는 시기
- 대근육과 소근육의 발달 미흡
- 손발의 협응
- 활발한 움직임으로 느끼는 피로감

1 이갈이

 학부모 TIP

- 초등학교 1-2학년은 앞니를 비롯하여 이갈이를 하는 시기
- 앞니를 제때 갈아주지 않으면 영구치가 먼저 나와 덧니나 뻐드렁니로 발전하여 외모가 변형됨
- 이가 흔들리면 아이들은 그것에 신경이 쓰여 수시로 이를 잡고 흔드는데, 깨끗한 손으로 만지라고 주의 주기
- 이가 많이 흔들려 거의 다 빠져 있는 경우, 선생님이 빼주는 상황이 발생하기도 하는데 이를 본 1학년 아이들은 집에서 이가 흔들려도 치과에 가지 않고 선생님께 빼달라고 억지를 부리는 경우도 있음
- 빠진 이는 옛날 전통대로 지붕에 던지며 소원을 말하는 이벤트를 해주거나, 빠진 이를 예쁘게 포장하여 간단한 느낌을 적은 메모와 함께 보물 상자에 넣게 하기도 함

2 대근육과 소근육

학부모 TIP

- 대근육과 소근육, 균형감이 발달하지만 잘 넘어지는 단계며 개인차가 큼
- 자기 몸을 섬세하게 통제하지 못해 달리기를 하다가 넘어지는 경우가 많음
- 몸을 움직이는 것을 좋아하여 율동이나 간단한 손 유희를 즐겁게 따라 함
- 신체가 고루 발달할 수 있도록 운동이나 균형감을 키워주어야 함

3 손발 협응

학부모 TIP

- 손, 발의 협응이 발전하는 시기
- 손발 협응이란 줄넘기를 할 경우, 손으로 줄을 돌리는 것과 발로 뛰는 타이밍이 서로 맞아야 하는데 이런 경우를 손발의 협응이라 함
- 손발 협응은 어려서부터 눈과 손, 눈과 발, 손과 발의 협응 활동이 지속적으로 이루어지나 1학년이 되어도 미성숙한 경우가 있음
- 눈손 협응, 손발 협응 등이 미숙한 경우, 칠판의 글을 보고 손으로 적는 활동에 어려움이 있거나, 걸어 다니면서 핸드폰을 보지 못하거나, 줄넘기 등을 못함
- 그러나 손눈 협응, 손발 협응 등은 가위질, 줄긋기, 젓가락질, 단추 채우기, 한 발로 오래 버티기 등과 같은 동작을 반복적으로 연습하면 좋아짐

4 면역력 약함

학부모 TIP

- 에너지가 넘쳐 쉴 새 없이 움직이다가도 금방 피곤해함
- 따라서 놀이나 운동을 한 후에는 적절히 쉬게 해야 함
- 면역력이 강하지 않아 입학 후 환경이 바뀌면 감기몸살에 걸리는 아이들이 많음

② 인지적 특징

인지적 특징
- 호기심과 질문이 많아짐
- 마음에 드는 책을 여러 번 반복해서 읽음
- 상상력과 창의력이 풍부함
- 자기중심적으로 시간의 흐름을 생각하는 경향이 있음

① 호기심과 질문이 많아짐

학부모 TIP
- 주변의 모든 것들을 신기하게 여기고 질문을 많이 함
- 너무 질문을 많이 하거나, 말도 안 되는 질문을 하는 경우가 많아 부모님 입장에서는 귀찮을 수도 있으나 전문적인 답변보다는 상상력을 이끌어낼 수 있는 답이 좋음
- 잦은 질문에 짜증을 내면 아이는 질문을 하지 않게 되어 부작용이 큼
- 학교생활이 미숙하기 때문에 질문에 대해 구체적으로 일일이 설명해 주어야 함

● 생각하는 힘을 길러 주는 질문 방법

생각하는 힘을 길러 주기 위해서는 질문과 그에 대한 반응을 잘해주어야 합니다. 학부모님들은 평소에 다음과 같이 질문해주세요.

닫힌 질문이 아닌 열린 질문을 합니다.

흔히 말하는, '예, 아니오' 식의 질문이 아니라 '왜 그런지, 어떻게 생각하는지'를 자유롭게 답할 수 있는 질문을 합니다.

10s

대답을 생각할 수 있는 충분한 시간을 주어야 합니다.

아이에게 질문을 하고 '왜 빨리 대답을 안 하냐'고 다그치는 분들이 있습니다. 답을 생각하여 말하기까지는 복잡한 두뇌활동이 필요하니, 충분히 생각하고 답할 수 있도록 최소 10초 이상 기다려 주어야 합니다.

다양한 대답이 가능한 질문을 합니다.	당연한 것이라도 한 번 더 생각해 볼 수 있는 질문을 합니다.

모든 질문에는 수학과 같이 딱 떨어지는 답만 있는 것이 아닙니다. 다각도로 생각하여 다양한 답이 나올 수 있게 질문을 하여야 합니다.
가령, '세상에서 가장 훌륭한 사람은 누굴까?, 세상에서 가장 아름다운 것은 무엇일까?'와 같이 저마다 다른 답을 가지고 있는 질문이 좋습니다.

대표적으로 '너는 왜 그렇게 생각하니?'라고 물어볼 수 있습니다.

2 책 읽기 좋아함

학부모 TIP

- 1학년 아이들은 한글을 배우면서 책을 읽는 재미에 빠짐
- 처음부터 긴 글보다는, 그림책 → 글이 적은 책 → 긴 글로 점차 옮겨 가야 함
- 마음에 드는 책을 여러 번 반복해서 읽으며 애착을 가지기도 함
- 한글을 해득하지 못하면 책 읽기를 어려워하며 그림 중심으로 책을 보게 되어, 학년이 올라가도 만화책만 보려고 함
- ※ 자세한 내용은 p. 139, '독서 습관 익히기' 참고

3 상상의 세계에 잘 빠짐/모방을 잘 함/거짓말을 함

학부모 TIP

- 이야기를 듣거나 글을 읽고 상상하기를 좋아함
- 현실과 상상의 세계를 잘 구분하지 못하여 상상한 것을 실제처럼 이야기함
- 머릿속에서 일어나는 상상과 실제를 혼동해서 본의 아니게 거짓말을 하는 것처럼 보임
- 예를 들면, 친구의 물건 중 자신이 가지고 싶은 물건이 보이면 그것이 자기 것이라는 상상 속에 그냥 가져오는 경우가 있음. 이런 경우, 거짓말과 남의 물

건을 그냥 가져오는 것은 큰 잘못이라는 이야기를 해주고 올바른 지도를 해야 함

- 만화나 영화 속 주인공을 모방하여 따라 하거나 옆 친구 그림을 그대로 따라 그리기도 함
- 1학년 아이들의 행동은 모방에서 출발하므로 선생님이나 부모님의 말과 행동을 모방하면서 따라 함

4 미술 표현을 즐김

학부모 TIP

- 다양한 미술 활동에 즐겁게 참여하며 매우 창의적인 작품이 나오기도 함
- 1학년의 경우 화가가 꿈이라는 아이들이 많음
- 점차 구체물을 정밀하게 그리는 것을 요구받으면서 스트레스를 받는 경우도 많음
- 인물을 그리는 것을 어려워하여 선으로 그리는 경우가 많음

5 집중력 부족

학부모 TIP

- 1학년 아이들의 경우 집중력이 5분에서 15분 정도 유지됨
- 수업 시간 40분 동안 꾸준히 집중하기 어려우므로 1학년 수업은 놀이와 학습을 같이 하는 '놀이 학습'으로 구성됨
- 집중력이 짧으므로 설명은 짧고 간단한 말로 자주 해야 함
- 개인차가 심하나 집중하는 시간을 점차 늘리는 훈련으로 집중하는 시간을 늘려야 함(독서 시간도 10분에서 20분으로, 숙제하는 시간도 점차 늘려야 함)

6 초보적인 자아개념 생성

학부모 TIP

- 초보적인 자아개념이 형성되는 시기
- 상황이나 사건에 따라 아이들의 발달 정도를 이해하고, 칭찬하면서 긍정적인 자아감이 형성되도록 도와야 함
- 이 시기에 올바른 자아를 생성하지 못하고 자기중심적인 아이로 성장하게 되면 주변 친구들과 어울리기 어려움

7 크기, 높이 양에 대한 감각 부족

학부모 TIP

- 시각적인 사물의 크기, 높고 낮음, 많고 적음에 대한 감각 부족
- 그래서 높은 담장 위나 서랍장 위에서 뛰어내려 다치는 경우가 있음
- 어려서부터 생활 속에서, 손이나 연필 등을 이용하여 직접 크기를 재고 비교하는 훈련이 필요함
- 사물을 자세하게 관찰하는 감각을 길러주면 이러한 감각도 길러짐

8 흥미 있는 주제에 대한 태도

학부모 TIP

- 수업 시간에 자기가 흥미를 느끼는 주제가 나오면 선생님이 말씀하시는 중에도 혼자 개인적인 이야기를 마구 늘어놓는 경향이 있음
- 이럴 때 교사는 아이들이 하고 싶은 말을 전부 하게 할 수 없어서 발표자 수를 제한하거나 통제하는 경우가 종종 있음
- 이런 성향으로 인해 어른들이 말할 때 끼어들기도 함

흔히들 '인지영역'하면 IQ를 떠올립니다. 우리 두뇌는 다양한 영역이 있어서 인지영역만으로 머리가 좋다, 나쁘다라고 말할 수는 없습니다만 최근에는 과학기술의 발달로 두뇌과학이 발전하게 되면서 뇌의 영역과 기능에 대한 발표들이 많이 나오고 있습니다.

● 초등학생 인지 발달 특징

01
- **아동기에는 정보처리와 관련된 뇌 영역이 발달합니다.**
  - 비판적 사고와 문제해결을 담당하는 전두엽이 급격히 성장
  - 그 후 계획하기와 정서조절 등을 담당하는 전전두피질이 급격히 성장
  - 기억과 정보처리에 중요한 역할을 하는 부위인 측두엽과 두정엽도 성장

02
- **정보를 처리하는 속도와 정확성이 좋아집니다.**
  이로 인해 다양한 기억전략을 사용할 수 있게 되어 기억능력이 좋아지고 집중능력도 향상됨

03
- **기억과 기억과정에 대한 지식인 상위 기억이 발달합니다.**
  아이는 스스로 자신이 무엇을 기억하고 기억하지 못하는지, 긴 내용은 더 기억하기 어렵다는 것 등을 알게 됨

04
- **아이들은 유아기에 비해 논리적으로 사고하게 되고 분류, 유목화, 서열화 등의 개념을 이해하게 됩니다.**
  한 예로 분류하기를 즐기면서 다양한 물건들을 수집하고 정리하는 취미를 가지기도 함

05
- **창의성이 발달합니다.**
  학교생활을 통해 학업이 중요해지고 논리적 사고 또한 발달하면서 고학년에는 창의적 사고가 일시적으로 감소하는 것처럼 보이지만 초등학생 시기는 창의성이 발달하는 중요한 시기

<뇌의 기능과 역할>

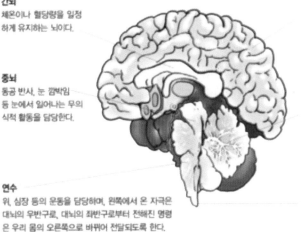

간뇌
체온이나 혈당량을 일정하게 유지하는 뇌이다.

중뇌
동공 반사, 눈 깜박임 등 눈에서 일어나는 무의식적 활동을 담당한다.

뇌간

연수
위, 심장 등의 운동을 담당하며, 왼쪽에서 온 자극은 대뇌의 우반구로, 대뇌의 좌반구로부터 전해진 명령은 우리 몸의 오른쪽으로 바뀌어 전달되도록 한다.

대뇌
판단, 추리, 기억 등 생각과 관련된 기능을 담당한다. 기억과 관련하여 레몬을 먹는 장면을 보면 시다는 느낌이 들어 침이 고이는 것도 대뇌의 작용이다.

소뇌
몸의 균형을 유지하기 위해 움직이는 팔, 다리 운동을 담당하는 뇌이다.

척수
흥분 전달 통로, 배뇨, 땀 분비, 무릎 반사의 중추.

---

③ 사회적 특징

사회적 특징

- 자기중심적이나 또래 집단을 형성하는 시기
- 협동적이고 간단한 놀이를 좋아함
- 소속감을 배우는 시기
- 자아존중감이 형성되는 시기

---

1 자기중심적

학부모 TIP

- 1학년 아이가 경험한 세상은 자기와 가정이 전부
- 자기중심적이라서 친구의 사고방식이나 실수를 받아들이지 못하여 갈등이 생기는 시기
- 협동을 해야 하는 모둠 활동이나 조별 경쟁을 할 때, 다른 사람의 입장을 배려하지 못하는 경우가 종종 생기므로 상대방을 이해하기 위해 친구의 입장

에서 생각하는 훈련이 필요
- 친구와의 놀이를 통해서 사회성을 가장 많이 배움
- 저학년의 경우에는 대수롭지 않은 일들로 친구와 싸우고 금방 다시 친해지므로 부모님들은 친구와 일시적인 싸움에 여유를 갖고 기다려 줄 필요가 있음

2 자기 물건에 대한 소유와 집착이 강함

학부모 TIP

- 갖고 싶은 게 너무 많은 시기
- 자기중심적 사고로 인해 좋아하는 것을 자신이 먼저 가지고 놀아야 한다는 생각이 앞서 싸우는 일이 초등학생이 되면서 점차 줄어듦. 만일 학교에 입학해서도 그런 일이 생긴다면 친구들 사이에서 따돌림이 생길 수 있으므로 '욕구 충족 지연 능력'을 키우는 훈련이 필요함

3 소속감을 배우는 시기

학부모 TIP

- 학교생활을 하면서 공동체라는 소속감을 배워가는 단계
- 또래 집단에서 소속감을 느끼고 주변 친구들과 사귀게 되므로 올바른 관계를 형성하도록 해야 함
- 학교라는 공동체에서 조금씩 양보하고 이해하려는 마음을 갖도록 설득시키고 가르쳐야 함
- 소속감을 느끼지 못하면 제멋대로 행동하게 되어 따돌림을 당하는 경우가 있음

4 자주 이르고(혹은 고자질) 다툼이 잦음

학부모 TIP

- 시시콜콜한 것까지도 이유를 대며 꼬박꼬박 이르는 경우가 많음
- 자기 기준에 맞지 않으면 무조건 잘못된 일이라 생각하여 다투거나 친구를 선생님이나 부모님한테 이름
- 어렸을 때는 속상한 일이 생기면 울었으나 차츰 말로 표현함

- 1학년 때는 싸우거나 속상한 일이 있을 때 징징거리면서 표현하는 아이가 종종 있으나 2학년이 되면 점차 징징거림이 줄어들고 차분히 말로 자신의 생각을 표현하는 데 익숙해짐

5 놀이를 통해 사회성 배우는 시기

- 놀이 집단의 규모가 확대되어 혼자만의 놀이에서 벗어나는 단계
- 놀이를 통해 놀이 규칙을 배우고 같이 어울리며 자기중심적 사고에서 양보와 협동을 배우며 우정을 쌓아감
- 1, 2학년 교육과정의 많은 부분이 놀이 학습으로 구성되어 있으며, 쉬는 시간에도 놀이를 할 수 있는 교구들이 교실에 많이 비치되어 있음
- 이는 실제 놀이를 통해서 반복적으로 사회성을 배우고 자기중심적 사고에서 벗어나는 훌륭한 방법이므로 지식을 배우는 시간보다 아이들과 어울려 노는 시간을 더 많이 할애해야 함

 참고

흔히 사회성을 '성격'이라고 생각하는 경우가 많다. 조용한 아이는 친구들과 어울리기 어려워하고 밝은 아이는 친구들과 잘 어울린다고 생각을 하는데, 사회성은 단순히 성격 혹은 외부 환경에 의하여 좌우되는 심리적인 문제라고 단정 짓기는 어렵습니다.

◎ 사회성이 부족한 아이의 모습

- 애착 장애가 심한 아이
- 수줍음이 많고 자신감이 부족한 아이
- 항상 민감하고 불안과 긴장이 심한 아이
- 자신의 의사를 표현하기 어려워하는 아이
- 또래 집단과 어울리지 못하고 늘 혼자 놀이하는 아이
- '눈치가 없다'는 이야기를 자주 듣는 아이
- 주변으로부터 자주 혼나는 아이
- 자신의 감정을 제대로 표현하기 어려워하는 아이
- '학교에 가기 싫다'는 이야기를 자주 하는 아이
- 집에서는 매우 밝고 활발하나 밖에서는 소극적이고 내성적인 아이

◎ 사회성이 부족한 원인

언어 또는 비언어적인 언어발달이 부족한 경우	• 사람과 사람은 언어나 비언어적인 도구를 통해서 소통하고 관계를 맺음 • 이러한 소통의 도구를 제대로 활용하여 표현하지 못하거나 다른 사람의 표현을 제대로 읽지 못하면 사회성 부족을 가져올 수 있음
상황 판단력이 부족한 경우	• 친구들과 함께 어울리기 위해서는 대화의 내용을 파악하거나 대화의 분위기, 억양, 표정 등을 살피면서 상황에 맞는 판단을 내려야 함 • 상황이나 맥락을 제대로 파악하지 못하면 친구들과 원활한 소통과 관계를 맺기 어려움
자존감이 부족한 경우	• '자신감'은 자신의 능력이나 가치에 대한 신념 또는 타인과 비교했을 때 느끼는 감정을 말하지만, '자존감'은 자기 자신에 대한 사랑의 척도로 자신에 대한 일종의 만족도 같은 것 • 자존감이 부족한 아이는 다른 사람들과 비교하여 자신이 부족하다고 생각하고 부정적인 생각을 가지고 있어 소심하고 내성적인 모습을 보임
정서가 불안한 경우	• 불안감이나 긴장감, 공포감 등 정서적으로 안정되어 있지 않은 경우, 정상적인 환경에서도 그것들이 과도하게 증폭되어 대인관계에서 소극적이거나 도피하려고 함

● 사회성 기술 발달시키는 방법

사회성은 학습이 아닌 경험을 통하여 배울 수 있습니다. 그러나 사회성이 부족한 아이가 아무런 준비 없이 다른 친구들과 자주 어울리도록 기회만 늘리다 보면 오히려 역효과를 가져올 수 있습니다. 이런 경우에는 다음과 같은 연습이 우선되어야 합니다.

| 사회성 기술을 발달시키는 단계별 방법 |

● 사회성 기술 발달을 위한 부모의 역할

자녀와 끊임없는 상호작용으로 애착관계 형성	• 자녀의 사회적, 정서적 경험은 생애 초기 부모와의 애착형성 과정에서 이루어지므로 부모와 자녀와의 끊임없는 상호작용으로 형성된 애착은 사회적 능력에 영향을 줍니다.
온정적으로 행동하고 격려	• 부모가 자녀에게 온정적으로 행동하고 격려해준다면 자녀는 안정감과 자신감을 갖게 되어 친사회성, 사교성, 주도성, 협동심 등에 긍정적인 영향을 미칠 수 있습니다.

| 자녀에게 올바른 행동 모델 제시 | • 부모들은 자녀에게 적절한 행동의 모델이 되어줌으로써 자녀가 또래 관계를 형성하고 유지하도록 도와주어야 합니다. |

4 정서적 특징

정서적 특징

- 정서 집중 시간이 짧음
- 주위 환경에 영향을 받아 감정 조절이 잘 안됨
- 경쟁심이 강하나 곧 풀어짐
- 공포나 도덕적 부정에 대한 분노가 생기는 시기

1학년 아이들은 부모의 품에서 떠나 학교라는 새로운 공간에 적응하기 위해서 즐거움과 분노, 불안, 고통 등 다양한 경험을 하게 됩니다. 이때 부모들은 아이보다 더 불안해하는데, 부모의 불안은 아이의 불안으로 전이되므로 부모 먼저 새로운 도전을 즐겁게 받아들이는 모습을 보여야 합니다.

1 정서 집중 시간이 짧음

학부모 TIP

- 하나의 감정이 오래 지속되지 않고 금방 다른 감정으로 바뀌며 뒤끝이 없음
- 가령, 누가 좋았다가도 어떤 행동을 하면 금방 싫어지고, 엄마한테 '사랑한다'고 했다가도 잔소리를 하면 '엄마 미워'라고 하는 감정
- 따라서 부모는 아이의 감정이 수시로 뒤바뀌는 것에 대해 버릇이 없다고 혼내기보다는 일시적인 현상으로 받아들이고 기다려주어야 함

2 주위 환경에 영향을 받으며 감정 조절이 잘 안됨

학부모 TIP

- 정서적으로 집중하는 시간이 짧다 보니 주변 분위기에 따라 영향을 받아 감정 기복이 심하게 나타남
- 감정의 변화가 심해질 경우 무조건 혼내거나 통제하기보다는 아이가 감정 정리가 되면 그 현상의 시작과 과정, 결말에 대해 이야기를 나누면서 감정을 컨트롤 할 수 있게 지도하면 좋음

3 경쟁심이 많아짐

학부모 TIP

- 활동성이 높아지는 시기로 규칙이 있는 놀이를 좋아함
- 게임을 할 때, 속임수를 써서라도 이기고 싶어 할 정도로 경쟁심이 강해짐
- 의견 대립이 생기면 자기의 주장을 강하게 내세우는 경향이 있음
- 지나친 경쟁심으로 인해 친구들과 감정적 충돌이 많이 생김
- 이런 경우 게임에서 잠시 빼내어, 상황을 객관적으로 바라볼 수 있도록 하거나 상대방의 입장이 되어 역할극을 시도해보면 다른 사람의 입장을 이해하는 폭이 넓어지기도 함
- 부모님이 다른 아이들과의 경쟁에서 자녀가 이기는 것을 은연중에 부추긴 경우 학교생활에서 경쟁심이 매우 강하게 나타날 수 있음

4 공포나 도덕적 부정에 대한 분노 생성

학부모 TIP

- 꽃이나 곤충, 동물 등에 대한 죽음을 인지하며 공포를 느끼는 시기
- 초기의 자아개념이 생기면서 도덕적으로나 윤리적으로 가치관이 생성되는 시기이므로 이에 반하는 현상을 보거나 경험할 경우 분노를 일으킴
- 가령, 부모님이 골목길에서 무단횡단을 하자고 하면 아이가 원칙을 고수하며 부모님과 대립하는 경우가 생김

정서적으로 안정이 되지 않은 아이들은 무조건 떼를 쓰거나, 큰 소리로 울면서 자신의 의견을 관철하려고 합니다. 이는 대화를 통해서 자신의 감정을 전달하는 방법을 배우지 못했기 때문입니다.

● 자녀에게 보이는 부모의 모습

다음 문항을 읽고 해당되는 곳에 체크 표시를 해보세요.

내 용	체크
• 학령기 전·후의 아동이 충분히 경험해야 하는 기본적인 발달 단계를 건너뛰고, 아이들이 감당하기 버거운 짐들을 강요하지는 않았나요?	☐
• 부모가 스트레스를 받으면 가정에서 어떻게 해소하는지 아이들에게 노출시키지는 않았나요?	☐
• 부모와 자녀의 상호작용이 긴밀하게 이루어지지 않나요?	☐

▶ [문항 1] 아이들이 정서적으로 불안한 이유는 대부분 가정에서 비롯

부모의 학교 공부에 대한 과도한 기대치와 강요는 강박증과 더불어 자존감이 낮아지는 결과를 초래하기도 합니다.

▶ [문항 2] 아이들은 자신도 모르게 부모의 행동을 그대로 답습

부모님들이 가정에서 본인의 스트레스를 어떻게 표현하는지에 대한 대처법이 상황에 적절하지 않거나 감정적일 경우, 아이들은 자신도 모르게 부모의 행동을 그대로 따라 하게 됩니다.

▶ [문항 3] 부모와 자녀의 건강하고 질적인 상호작용 역시 중요

부모와 자녀의 상호작용 모습은 또래 관계나 주변 사람들과 대인관계를 맺을 때 고스란히 반영됩니다. 따라서 자녀와 같이 있을 때, 항상 핸드폰을 보며 형식적으로 자리만 지키고

있다거나, 자녀와 대화 시 잔소리와 꾸중으로 일관하는 경우 아이의 정서는 매우 불안하게 형성됩니다.

● 부모와 자녀의 소통 원칙

자녀가 성장해도 양육 방식이 똑같은 부모	• 부모는 자녀가 어리다고 무조건 부모의 의견을 따라야 한다고 생각하는 경향이 있습니다. • 아이는 성장하고 있는데 부모님은 아이가 신생아 때의 양육 습관을 그대로 지속하기 때문에 자녀와 갈등이 생깁니다.
자녀의 발달 단계에 따라 소통 방식 수정 보완	• 자녀는 신체적, 인지적, 사회적, 정서적으로 종합적인 성장을 하므로 부모는 자녀의 의견을 존중하고 소통 방식을 수정해 나가야 합니다.

• 올바른 소통을 위해 다음과 같이 해보세요.
• 자녀와 함께하는 시간을 가져보세요. 같이 어울리다 보면 대화를 통해 서로 묻고 답하는 과정 속에서 상대를 이해하고 인정하게 됩니다.
• 서로에게 관심을 갖고 존중하는 태도로 소통을 하다 보면 자녀와의 갈등을 최소화할 수 있습니다.

올바른 소통 과정

함께하기 》 질문하기 》 인정하기 》 관심 갖기 》 존중하기

참고(2)

초등학교 1학년과 4학년 때 학교에서 의무적으로 실시하는 '정서행동 특성 검사'는 어떤 것인지 살펴볼까요?

정서행동 특성 검사란?	• 1학년과 4학년은 학교에서 정서행동 특성 검사를 합니다. 학생의 성격 특성과 정서·행동 발달 정도, 인지·정서·사회성 발달 과정의 어려움 정도를 평가합니다.
	• 1학년은 한글 독해가 어려워 부모님이 대신 체크를 하고, 4학년은 학생 본인이 검사에 임합니다.
정서행동 특성 검사 과정	• 응답 결과는 자녀의 성격 특성과 정서·행동 측면에서 연령에 적합한 발달 단계에 있는지 확인하기 위한 자료로만 활용될 뿐이고 생활 기록부 등에는 남기지 않습니다.
	• 검사 점수가 높은 경우에는 상담가, 전문가의 도움이 필요한 단계입니다. 희망하시면, 담임 선생님을 통해서 전문 기관과 연계해서 저렴한 가격으로 상담을 받을 수 있으며 국가 지원도 받을 수 있습니다.

<정서행동 특성 검사 결과에 따른 대처 방법>

정서행동 특성 검사 점수가 높을 경우 담임 선생님께 요청하면 아래 기관에서 도움을 받을 수 있습니다. 경비는 학교를 통해 교육청에 지원을 요청할 수 있습니다.

흔히 남자·여자 아이의 차이가 양육 방식에서 비롯된다고 생각하는 경향이 있으나 실제로 신체적·정서적으로 미묘한 차이가 존재합니다.

남자 아이와
여자 아이의
특징

- 소근육 발달의 차이
- 공간 지각력과 체계화 능력의 차이
- 일 처리의 동시성 차이
- 시각, 청각, 감정 표현력의 차이

레나드 삭스(2007)에 따르면 남녀는 여러 면에서 분명한 차이가 있고, 그것은 '고등'이나 '열등'의 문제가 아니라 다음과 같은 차이가 있을 뿐이라고 설명합니다.

※ 이 표의 내용은 남녀 아이들에게 획일적으로 적용되지는 않음

항목	남자 아이	여자 아이
청각	• 덜 민감하기 때문에 목소리가 커야 잘 알아들음	• 민감하기 때문에 조용해야 집중에 도움이 됨
시각	• 망막에 M세포가 많음(M세포: 사물의 위치, 방향, 속도에 관심이 집중됨, 차가운 색을 좋아함)	• 망막에 P세포가 많음(P세포: 사물의 생김새에 관심이 집중됨, 따뜻한 색을 좋아함)
감정 표현	• 감정과 연관된 뇌 부위와 언어를 관장하는 뇌 부위가 잘 연결되지 않아 감정을 말로 표현하기 어려워함	• 감정과 연관된 뇌 부위와 언어를 관장하는 뇌 부위가 넓은 뇌량으로 잘 연결되어 자신의 감정을 말로 잘 표현함
공감 능력	• 상대방의 입장에서 생각하는 공감 능력이 여자보다 부족함	• 동정하는 마음과 공감 능력이 뛰어남
친밀감	• 함께 활동을 하면서 친밀감을 느낌(예: 축구, 농구 등)	• 정서적인 교감이 있어야 친밀감을 느낌(예: 대화)
자신에 대한 평가	• 자신을 과대평가하기 때문에 모험적인 활동을 두려워하지 않음	• 자신을 과소평가하는 경향이 있어 모험적인 활동을 두려워함

공격성	• 공격적이기 때문에 그것을 표출할 기회가 필요하며, 아침에 싸워도 오후에는 사이좋게 같이 놀 수 있음	• 덜 공격적이지만 싸우면 관계를 유지하거나 회복하는 것이 어려움
스트레스 상황	• 스트레스 상황에서 수행 능력이 향상됨	• 스트레스 상황에서 수행 능력이 저하됨
소근육 발달	• 소근육을 관장하는 소뇌가 늦게 발달하여 가위질, 글씨 쓰기를 어렵게 여김	• 소뇌가 일찍 발달하여 가위질, 글씨 쓰기 같은 세밀한 활동을 잘함
일 처리의 동시성	• 한꺼번에 한 가지 일을 집중하여 처리함	• 한꺼번에 여러 일을 동시에 처리함
체계화 능력	• 체계화 능력이 발달하여 사물이 어떤 구조로 움직이느냐에 대한 이해를 잘함	• 체계화 능력이 남자 아이에 비해 덜 발달하여 사물의 움직임에 대한 이해가 부족함

출처: 레나드 삭스(2007), 교사를 당황하게 하는 아이들

학부모 TIP

'다름'을 인정하고 출발하기	• 남자 아이와 여자 아이는 뇌에서 기인하는 차이로 인해 많은 부분에서 다릅니다. • 1학년 아이들의 경우 대부분 여자 아이들이 남자 아이들보다 학교생활에 더 잘 적응합니다. • 남자 아이 부모님들은 자녀를 다그치거나 혼내지 말고 여자 아이와 다른 부분을 인정하고 필요한 부분은 꾸준히 연습을 시키며 보완하도록 해야 합니다.
공감 능력 차이 인정하기	• 연구에 의하면 남자 아이는 여자 아이보다 50배가 넘는 경쟁적인 행동을 했으며, 여자 아이는 남자 아이보다 20나 더 차례대로 돌려쓰는 행동을 했다고 합니다. • 심리학자 사이먼 배런 코언에 의하면 이것은 공감 능력의 차이라고 하는데, 여자 아이는 아이 때부터 다른 사람의 마음을 헤아리고 감정이입하는 능력이 남자아이보다 뛰어나기 때문이라고 합니다. • 그러나 공동체 생활을 위해서는 남자 아이도 남을 배려하는 행동을 습관화하기 위한 연습이 필요합니다.

만져보고 움직여봐야 만족하는 남자 아이	• 단체 생활을 하다 보면 주의해야 할 사항이 많습니다. 특히 실험시간이나 안전한 생활을 위해 조심해야 할 것들이 많은데 남자 아이들의 경우에는 눈으로 보기보다는 만져보고, 탐색해봐야 직성이 풀립니다. • 따라서 남자 아이의 부모님들은 아이에게 무조건 만지지 말라고 하기보다는 안전한 조치를 한 후 만져볼 기회를 주는 것이 더 바람직합니다. • 이와 반대로 여자 아이들은 쉬는 시간에도 대부분 자리에 앉아 친구들과 이야기를 나누는데, 보다 활발한 신체 놀이를 즐길 수 있는 기회를 만들어 주어야 합니다.
책 읽어 주기도 다르게	• 부모님이 책을 읽어줄 때도 차이점을 감안해서 읽어주면 좋습니다. • 여자 아이들은 청각적으로 예민하여 잘 듣는 반면에 남자 아이들은 집중력이 떨어집니다. 이런 경우에는 책을 읽으며 상황에 따른 몸짓을 곁들이면 집중에 도움을 줄 수 있습니다. • 또한 여자 아이들은 이야기를 들으며 생각나는 것들을 계속 말하고 싶어 합니다. 이때, 하고 싶은 말을 들어주면서, 의도적인 질문을 하여 좀 더 체계적으로 생각하거나 말을 할 수 있는 기회를 만들어 줍니다. • 남자 아이들 또한 발표력 향상이나 체계적인 사고를 위해 수시로 흥미 있는 질문을 하여 자주 말할 수 있도록 기회를 제공해야 합니다.

6 1학년 발달 단계에 따라 부모가 해야 할 일

자녀에게 길러 줄 부모의 과업	• 근면성 길러주기 • 자존감 높여주기 • 삶 속에서 올바른 도덕성과 가치관을 보여주기

이 시기는 프로이트의 잠복기에 해당하는 사춘기 전 단계로 가정이라는 울타리를 벗어나 초등학교를 다니며 좀 더 넓은 사회 환경 속에서 살아가는 시기입니다. 이때 부모는 아동이 반드시 함양해야 할 정신이나 기능 등을 습득하기 위한 과업을 주고 수행하도록 도와주어야 합니다.

초등학교 1학년 단계에서 부모님들이 자녀에게 우선으로 가르쳐야 할 것은 다음과 같습니다.

1 근면성 길러주기

6-12세 아동은 지적인 호기심과 작업의 완성을 통한 성취가 행동의 핵심원리가 되는 시기라서 중요한 사회적, 학업적 기술을 숙달해야 한다고 하였습니다(에릭슨).

학교에 들어가면 많은 도전 과제를 부여받게 되는데 이를 잘 소화해 내고, 노력에 대해 칭찬을 받으면 근면성을 갖게 되는 반면, 아동의 노력이 성공적인 평가를 받지 못하거나 비웃음을 당하게 되면 오히려 열등감을 갖게 된다고 하였습니다.

출처: 서울시교육청, 신입생 학부모를 위한 전환기 학부모교육

학부모
TIP

◉ 학령 초기 아동들의 근면성을 격려하는 방법

목표를 설정, 목표를 향하여 작업하도록	• 간단한 숙제에서 점차 더 길고 어려운 것으로 옮겨가기 • 체크 포인트를 설정하여 향상 여부 확인하기 • 합리적인 목표를 설정하도록 가르치기 • 목표를 향한 향상 과정을 일기로 쓰게 하기
독립심과 책임감을 기를 수 있는 기회를 주기	• 실수에 대하여 인내하며 기다리기 • 화초에 물 주기, 과제나 준비물 수합, 나눠주기 등과 같은 작업을 제공하며 다시 기회 주기
낙심한 아이 격려하기	• 개인 차트와 기록으로 발전된 모습을 확인하게 하기 • 실패했더라도 진보했다는 것을 느끼게 하기 • 향상을 위해 노력한 점에 대해 보상해주기
좋은 친구 만들어 주기	• 또래들과의 상호작용이 점점 더 중요해지므로, 친구를 사귈 기회 갖게 하기 • 의견차이로 갈등이 생겼을 경우, 대화를 통해 서로의 의견이 다름을 이해하고 존중해줄 수 있도록 이야기 나누기 • 좋은 친구와 사귈 수 있는 환경 만들어 주기

② 자존감 높여주기

최근 학교나 사회에서 부적응 행동을 보이는 사람들의 문제 요인으로 '낮은 자존감'과 '자존감의 손상'이 손꼽히고 있습니다. 자존감이 낮은 사람의 경우 대인 기피증이나 무력감에 빠져 온전한 사회 생활을 하기가 어렵습니다. 따라서 자녀교육에 있어서 학업보다도 자녀의 자존감을 높여주는 일에 신경을 써야 합니다.

◉ 초등학교 1학년, 왜 자존감인가?

초등학교에 들어오면 규율과 규칙, 해야 할 과업, 친구들과의 관계 등 여러 가지 측면에서 요구되는 것들이 많습니다. 자신감이 넘치는 아이들은 잘 적응하고 새로운 모습으로 발전해 나가지만, 자기 존재감을 드러내지 못하는 아이들은 두려워하고, 의기소침해하며 뒤로 물러서려고 합니다.

자존감이 낮아 적응하지 못하는 아이를 그대로 두면, 자신을 고립시키거나 무기력에 빠져 어려운 상황에 처할 수 있으므로 1학년 때부터 자존감을 높여주어야 합니다.

◉ 자존감이 높은 아이들의 특징

다른 사람과 관계 맺는 것을 두려워 하지 않아요	감정이입을 잘하고 인정이 많으며 배려를 잘해요	친절하고 예의가 발라요	자신의 성취에 만족할 줄 알아요	새로운 일에 자신 있게 도전해요
적극적이고 주도적으로 일을 처리해요	부정적인 생각을 하지 않아요	비관적인 단어를 쓰지 않아요	일의 결과나 책임을 나 자신에게 두어요	실패를 하더라도 크게 좌절하지 않아요

◉ 긍정적인 자존감을 높이는 방법

아이의 자아존중감은 부모의 양육 방식에 큰 영향을 받습니다. 아이들은 부모의 반응에 따라 자신에 대한 유능감, 믿음을 만들어 가고 긍정적인 자아개념을 형성해 갑니다.

자녀가 긍정적인 생각을 갖도록 다음과 같은 방법을 활용해 보세요.

01
- **먼저 부모의 자존감을 높여 주세요.**
  부모 자신이 먼저 자신을 사랑하고 존중하며 잘할 수 있다는 생각을 가지고 행동해야 합니다.

02
- **무조건적인 칭찬보다는 격려를 해 주세요.**
  - 결과에만 초점을 둔 칭찬은 자녀에게 성공해야만 사랑받을 수 있다는 부담을 줄 수 있습니다.
  - 구체적이지 않은 칭찬은 무의미하므로 성공이나 실패 여부와 상관없이 과정에 지지를 보내고 힘을 실어 주어야 합니다.

03
- **자신의 감정과 생각을 표현할 기회를 주세요.**
  - 어릴 때부터 자신의 감정이나 생각의 표현을 제지당한 경우 아이들은 위축됩니다.
  - 부정적인 감정을 수용해주되, 부적절한 표현을 하지 않도록 명확하게 알려주어야 합니다.

04
- **실패 경험을 긍정적으로 받아들일 수 있도록 도와주세요.**
  - 자존감이 낮은 아이들은 실패를 두려워합니다.
  - 하지만 실패를 해도 여전히 사랑하고 지켜보고 있다는 믿음을 심어주면 아이들은 다시 도전하려는 의지를 가질 수 있습니다.

05
- **내 아이 자존감을 높이기 위해 이렇게 칭찬해주세요.**
  - 결과보다는 노력을 칭찬합니다.
  - 즉시 칭찬합니다.
  - 작은 일도 구체적으로 칭찬합니다.

06
- **내 아이 자존감 향상에 방해가 되는 말을 피해주세요.**
  - 의도를 가지고 칭찬하지 않기
    예) 우리 성호는 착하니까 동생에게 양보할 거지?

- 비교하면서 칭찬하지 않기

  예) 동현이는 받아쓰기 50점 받았는데, 우리 아들은 다 맞았네.
- 구체적인 칭찬이 아니라 공허한 칭찬하지 않기

  예) 잘했어, 네가 최고야, 멋지다

3 올바른 도덕성, 가치관 보여주기

◉ 일상생활 속에서 부모의 올바른 도덕성과 가치관 보여주기

삶 속에서 함께 살아가려면 의사소통 방법, 타인에게 상처주지 않는 방법을 알고 사회 질서에 따른 규칙이나 도덕성이 필요합니다.

인간의 도덕성에 영향을 미치는 요인들에는 부모의 양육태도와 또래 및 대중매체의 영향이 중요합니다. 그중에서 가장 크게 영향을 미치는 것은 부모의 자녀 양육태도로 자녀의 도덕성은 물론, 인지, 성격, 정서, 사회성을 포함한 모든 영역의 발달에 지대한 영향을 미칩니다.

따라서 도덕성과 가치관이 형성되기 시작하는 초등학생 시기에는 부모가 일상 속에서 올바른 도덕성과 가치관으로 생활하는 모습을 보여주어야 그것을 경험한 자녀들이 그대로 따라 하게 될 것입니다.

PART 3

학교에 대해
알기

우리나라 초등학교 교육은 3월 1일에 시작하여 이듬해 2월 말에 끝납니다. 3월 1일은 삼일절로 공휴일이기 때문에 실제로는 그 후 첫 번째 평일인 3월 2일에 입학식과 함께 교육 과정이 시작되며, 입학식을 치르고 나면 정식으로 초등학생이 됩니다. 초등학생이 된 자녀를 둘러싼 학교에 대해 살펴보고 준비를 한다면 도움이 될 것입니다.

1 학교 구분

초등학교는 보통 공립학교와 사립학교로 구분되며 차이점은 아래와 같습니다.

공립학교	사립학교
• 국가에서 전액 지원하는 무상교육으로 각 지방단체가 설립하고 운영하는 학교	• 개인 또는 학교법인, 종교기관이나 공공단체 이외의 법인 또는 개인이 설립하고 경영하는 학교
• 대부분은 학생이 거주하는 지역에서 가장 근접한 학교에 취학하게 됨	• 지원을 하고 선발이 되면 입학 가능
• 초등학교의 경우 대부분이 공립학교로, 거주지 인근에 배정되므로 동네 친구가 학교 친구가 됨	• 대부분 셔틀버스를 타고 등하교 • 동네친구와 학교 친구가 달라 다양하게 사귈 수 있음
• 사립학교 특별활동과 비슷한 방과후학교 활동에서 여러 가지 특별활동을 배울 수 있음	• 특별활동이 활성화되어 있어 학교에서 바이올린이나 그림, 컴퓨터 등 다양한 특별활동과 연계하여 교육할 수 있음
• 공립학교 교사는 교대 출신이거나 이화여대 초등교육과 출신으로 임용고시를 통과한 사람 • 공립학교 교사는 교육공무원으로 5년마다 이동을 하므로 매년 선생님이 바뀜	• 임용고시를 통과하지 않더라도 교사 자격증을 가진 사람이면 교사로 채용 가능 • 사립학교 교사는 재단에 속해있기 때문에 한 번 고용되면 퇴임할 때까지 머물 수 있음

② 학기 구분 및 방학

한 학년은 보통 1학기와 2학기로 구분되며 여름과 겨울에 각각 약 30-40일간의 여름방학과 겨울방학이 있고, 학년 말에 보통 2주의 방학이 있습니다. 그러나 최근에는 지역에 따라 방학 시기가 다릅니다.

학기	1학기	2학기
시작일	• 3월 2일(평일인 경우)에 시작	• 보통 9월 1일(평일인 경우)에 시작
방학	• 7월 중순(대략 30-40일) • 대부분 1학기가 2학기에 비해 1주일 이상 긴 편	• 12월 말일 경우, 1월 말에 개학하여 2월 중순에 학년 말 방학이 있음. • 1월 중순에 방학을 할 경우에는 학년 말 방학 없이 2월 말일까지 방학이 이어짐(경기도 학교는 대부분 여기에 해당)
자율 휴업일	• 학교마다 방학이나 공휴일이 아니더라도 학기당 2일 정도 학교에 나오지 않고 쉴 수 있는 '자율휴업일'이 있습니다. • 자율휴업일 날짜를 학부모와 교사의 의견을 반영하여 정합니다. • 1학기에는 보통 5월 1일 근로자의 날로 정하거나 6월 6일 현충일과 연이어서 실시하는 경우가 많습니다. 2학기에는 10월 3일이나 9일과 연이어서 실시하는 경우가 많습니다.	

③ 학교의 하루 시간표

학교의 하루는 유치원과 다릅니다. 학교의 시간표는 1학년부터 6학년까지 수업 시간(40분)과 쉬는 시간(10분)을 두어, 정해진 시간표대로 학교생활을 합니다. 학교의 하루 일정은 다음과 같습니다.

| 학교의 하루 |

구분	시간	학부모 TIP
아침 돌봄	7:30-9:00	• 오전 7시 30분부터 9시까지 운영 • 이른 시간 출근하는 학부모를 위해 출근하면서 학교에 아이들을 맡기면 됨 • 아침 돌봄교실에서는 아이를 안전하게 돌보고 간편식 등을 제공함 ※ 돌봄 관련 내용은 이 책, p. 72 '돌봄교실' 참고
등교	8:00-09:00	• 등교 시각은 아침 식사를 하고 등교하는 추세로 전환되면서 9시 등교를 하는 학교가 많습니다. 따라서 아침자습 시간은 없습니다. • 일찍 오는 아이들은 '아침독서'라 하여 개별적으로 독서를 합니다. • 등교 시각이 9시라 하더라도 8시 40분 즈음 학교에 도착하여 차분히 수업 준비를 하며 시작하는 것이 안정된 학교생활에 도움이 됩니다.
1교시	09:00-09:40	• 초등학교 수업 시간은 1교시가 40분 단위로, 40분 수업 후 10분 쉬는 시간을 갖습니다. • 수업이 끝나면 10분 동안 쉬는 시간을 갖는데, 이때 화장실을 다녀오거나 다음 수업을 준비합니다. • 초등학교에 입학하면 수업 시간과 쉬는 시간을 구분하여야 하므로 40분 동안 자리에 앉아 있는 연습과 정해진 시간에 화장실을 다녀오는 훈련이 필요합니다. • 코로나 이전에는 2교시와 3교시 사이에 쉬는 시간을 20분(또는 30분)간 배정하여, 친구들과 어울려 보드게임이나 블록 쌓기 등 충분한 시간을 가질 수 있었는데, 코로나 이후로는 거리두기에 따라 놀이시간이 없어지기도 했습니다.
쉬는 시간	09:40-09:50	
2교시	09:50-10:30	
쉬는 시간	10:30-10:40	
3교시	10:40-11:20	
쉬는 시간	11:20-11:30	
4교시	11:30-12:10	
점심시간	12:10-13:00	• 1학년의 경우에는 입학 후 1-2주부터 급식을 실시하는 경우가 많습니다. • 점심시간은 보통 4교시 수업이 끝난 후 50분간입니다. • 학교에 식당이 있는 경우에 장소가 협소하여 저학년부터 순차적으로 급식을 하므로 다소 시간 차이가 나기도 합니다. • 급식 메뉴는 1개월 단위로 영양사 선생님이 학생들의 발달 단계와 학교 행사나 시기 등에 맞춰 식단을 구성하여 가정통신문으로 안내합니다.

점심시간	12:10-13:00	• 알레르기가 있거나 삼가야 할 음식이 있으면 담임 선생님과 학생 본인에게 알려주어 미리 조심시켜야 합니다. • 학교에 식당이 없는 경우에는 음식을 교실로 가져와서 먹습니다. 이때, 저학년은 어르신들이 오셔서 급식을 나눠주거나 정리해 주십니다.
5교시	13:00-13:40	• 1학년은 주로 4교시를 하지만 일주일에 두 번은 5교시로, 점심을 먹은 후 1시간을 더 합니다. • 보통 월(4교시), 화(5교시), 수(4교시), 목(5교시), 금(4교시)의 수업 후 하교하는데 4교시 수업하는 날은 급식 후 하교합니다.
하교	4교시 수업을 하는 경우 (13:00 전후) 5교시 수업을 하는 경우 (13:40 전후)	• 1학년 하교 시각은 4교시 수업인 요일과 5교시 수업 요일에 따라 달라집니다. • 하교 시 담임 선생님이 아이들을 인솔하여 교문까지 바래다줍니다. • 하교 후 '방과후학교' 활동을 하는 아이들은 방과후학교 프로그램이 운영되는 지정된 장소로 가고, 방과후 활동이 끝나면 방과후학교 강사 선생님이 아이들을 교문까지 인솔하여 하교시킵니다. • 자녀와 만나기로 약속을 한 경우에는 약속 장소를 구체적으로 정하여 엇갈리지 않도록 합니다. (예시: 정문인지, 후문인지, 정문을 나와서 오른쪽 세 번째 벤치 같이 구체적으로 알려주고, 만일 길이 엇갈렸을 경우, 보안관실 옆에서 기다리라고 사전에 약속을 해 두어야 합니다.)
저녁 돌봄	하교-19:00	• 현재 저녁 돌봄은 하교 후부터 7시까지입니다. 2023년 3월 2일부터 서울 지역은 저녁 8시까지 확대된다고 합니다. • 돌봄교실은 우선 순위인 1, 2학년에 밀려 중·고학년은 입실하지 못하는 경우가 많았는데 서울의 경우 점차 희망하는 학부모의 자녀는 100% 수용하겠다는 방침을 세웠습니다. • 돌봄 시간 동안 아이들이 먹는 간식도 점차 전면 무상 제공한다고 합니다.

우유 급식과 점심 급식

초등학교와 중학교는 의무교육이라서 급식을 무상으로 제공하고 있습니다. 급식은 우유 급식과 점심 급식으로 나뉩니다.

<우유 급식>

① 우유 급식은 보통 1교시나 2교시 후에 우유를 마십니다.

② 우유 종류는 학교운영위원회 소속 급식위원회에서 정하기도 하지만 아이들의 희망사항을 반영하여 분기나 학기별로 다른 우유로 바꿔서 마시기도 합니다.

③ 우유는 무상이지만 우유 알레르기가 있는 경우에는 마시지 않겠다고 선생님께 미리 말씀을 드려야 합니다.

④ 1학년의 경우 추운 3월에 우유 마시는 것을 힘들어하는 아이들이 있습니다. 이럴 때는 마시지 않겠다고 말씀드리면 됩니다.

⑤ 우유나 모든 급식은 집으로 가져갈 수 없습니다. 가져가는 사이에 상하거나 변질이 될 것을 우려한 것입니다.

⑥ 3-4월에는 아이들이 감기에 자주 걸리는데, 감기 걸린 아이들은 우유를 마시다 토하는 경우가 많으니 그럴 때는 마시지 말라고 당부를 하는 것이 좋습니다.

<점심 급식>

① 초등학교 급식은 교내에 식당이 있는 경우와 없는 경우에 따라 다릅니다.

② 식당이 있는 경우에는 저학년 아이들은 급식 도우미 분들이 배식과 잔반 정리를 도와주십니다.

③ 식당이 없는 경우에는 복도까지 배달해 주신 음식을 교실로 들여와 먹습니다.

④ 교실에서 배식을 할 경우 1학년은 배식 도우미 분들이 도와주십니다.

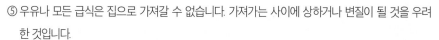

⑤ 알레르기(땅콩, 생선 등) 또는 종교적인 이유로 먹지 않는 음식이 있을 경우 학부모님께서는 사전에 월간 급식표를 보시고, 해당 일에 아이에게 당부하여 선생님께 이야기해야 합니다. 학교에서는 편식 지도를 해야 하므로 특별한 경우를 제외하고는 반찬을 골라 먹지 못하게 하기 때문입니다.

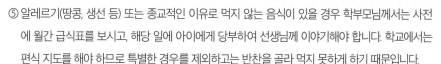

4 학교의 연간 행사

학교는 수업 이외에도 다양한 행사들이 있습니다. 이미 유치원에서 여러 행사들을 경험하고 학교에 입학하기 때문에 익숙한 것도 있고, 새롭게 경험하는 행사들도 있습니다. 학교 행사는 모든 학교가 공통으로 하는 것과 학교마다 자율적으로 선택하는 것이 있는데, 학교 별로 시기가 다를 수 있습니다.

학교에서는 아이들에게 도움이 될 만한 여러 대회나 행사를 교육과정에 근거하여 계획하고 시행하므로 성실하게 참여하면 아이들이 얻을 수 있는 것이 많습니다. 그러나 먼저 아이의 흥미와 적성을 파악하여 그에 맞는 것을 선택하여 참여할 때 의미 있는 행사가 될 것입니다.

1 1학기

3월

행사	학부모 Tip
입학식(개학식)	• 입학식은 대부분 3월 2일 오전 10-11시에 합니다.
신입생 학부모 오리엔테이션	• 입학식 다음날(또는 입학식 주간)은 1학년 학부모님을 대상으로 신입생 오리엔테이션이 있습니다. • 학생들이 담임 선생님과 수업을 하는 동안 강당에서 학교에 대한 안내나 1학년 학부모님들이 알아야 할 사항에 대해 연수를 실시합니다.
학부모 총회	• 3월 중순에 실시합니다. • 공식적으로 학부모님들이 학급에 방문하여 담임 선생님의 학급경영관이나 부탁의 말씀 등을 듣거나 학부모님들의 의견을 듣기도 하는 날입니다. • '녹색어머니'나 '학교운영위원회' 등을 선출하기도 합니다. 그러나 요즘에는 예전과 달리 녹색어머니 활동은 전교생 학부모님들이 똑같이 나누어 맡기도 합니다.

학부모 수업 공개	• 학부모 수업 공개는 학부모 총회일에 같이 하는 경우도 있고 따로 하는 경우도 있습니다. • 학부모 수업 공개는 담임 선생님이 학생들과 함께 수업하는 모습을 학부모님께 공개하는 과정으로 자녀의 학교생활 모습을 살펴볼 수 있습니다. • 때로는 자녀의 학교 활동 모습이 가정에서와 아주 다르게 나타나는 경우도 있습니다.
학부모 임원 선출	• 학부모 임원으로 학교 임원과 학급 임원을 선출합니다. • 학교 임원은 운영위원이나 각 학부모 단체를 이끌어가는 일을 합니다. • 학급 임원은 학급 일을 원활하게 진행하기 위해 담임 선생님과의 긴밀한 협조를 통해 학급 학부모님들께 공지사항을 전달하거나 의견을 구하는 일 등을 합니다.

4월

행사	학부모 Tip
방과후학교 프로그램 운영	• 방과후학교 프로그램은 대부분 3월 말이나 4월부터 시작됩니다.
현장체험학습	• 현장체험학습은 예전의 '소풍'과 같은 행사입니다. • 요즘에는 주로 차를 대절하여 체험 중심 장소로 가는 경우가 많습니다. • 1학년 통합교과서의 봄에 대한 여러 현상들을 체험하기 위해 장소를 선정합니다.
과학의 달 행사	• 4월은 과학의 달이어서 학년별로 다양한 과학 행사가 열립니다. • 행사 내용은 학교별로 특색 있게 진행됩니다. • 가령, 과학탐구 토론 대회, 글라이더 날리기 대회, 로봇 제작대회, 과학 상상화 그리기 대회 등 다양한 행사들이 있지만 1학년의 경우에는 대부분 과학 상상화 그리기 대회를 합니다.
학부모 상담주간	• 학부모 상담주간은 1학기와 2학기에 두 번 있습니다. • 1학기에는 3월 말이나 4월 초에 상담 시간을 미리 예약받아서 상담이 이루어집니다. • 상담 방법은 직접 방문하여 대면으로 상담을 하거나 전화로 하기도 하며 학부모의 퇴근 시간에 맞춰 야간 상담도 가능합니다.

행사	학부모 Tip
학부모 상담주간	• 상담 시간은 보통 20-30분 정도입니다. • 1학기에는 주로 학부모님이 아이에 대해 담임 선생님이 알아야 할 사항이나 궁금한 것 등을 물어보는 형식이고, 2학기에는 한 학기 동안 자녀가 어떤 모습으로 생활을 하였는지에 대한 이야기를 중심으로 상담을 합니다.

5월

행사	학부모 Tip
어린이날 행사 및 소운동회	• 5월 4일(학교마다 차이가 있음)에는 어린이날 기념 소운동회가 진행됩니다. 소운동회는 2학기의 대운동회의 규모에 비해 간단하게 치러집니다. • 소운동회에서는 개인 달리기와 학년 단체 게임, 전체 계주 등을 실시합니다. - 개인 달리기를 할 때 아이들은 무척이나 긴장하여 반대 방향으로 달리거나 배턴을 놓치는 경우가 많습니다. - 달리기를 못 하는 아이들은 스트레스를 받는 경우가 많은데, 평상시에 아빠나 엄마와 함께 산책을 가거나 장보러 갈 때, 달리기 연습을 해두는 것도 좋습니다. • 요즘에는 5월 1일 근로자의 날에 실시하여 학부모들이 참여하는 운동회가 점차 늘어나는 추세입니다. • 초등학교에 입학하여 처음 맞는 어린이날인만큼 의례적인 선물이나 놀러가기보다는 아이와 상의하여 보다 뜻깊은 시간을 마련하면 좋은 추억이 될 것 같습니다.
어버이날	• 5월 8일 어버이날 행사로는 어버이날 전날에 부모님께 편지쓰기나 카네이션 만들기 등의 활동을 합니다. • 어버이날 행사 준비로 학급마다 다양한 활동을 하는데, 효도 쿠폰을 만들어 부모님께 드리기도 합니다.
스승의 날	• 5월 15일 스승의 날 행사로는 전년도 선생님이나 기억에 남는 선생님께 편지쓰기 행사를 합니다. 1학년의 경우에는 현재 담임 선생님께 씁니다. • 간혹 학부모님들 중에서는 아이 편에 스승의 날 기념 선물을 보내는 경우가 있는데, 선물을 가져오는 경우 학교에서 맡아두었다가 하교 때 다시 되돌려 보내니 선물은 마음으로 합니다.

스승의 날	– 만일 선생님께 감사한 마음으로 선물을 보내시고 싶으시면 학년이 다 끝난 뒤 전년도 담임 선생님께 5만원 이하의 선물을 보내는 것은 허용됩니다(단, 이때도 그 선생님이 아이를 가르치고 있을 경우에는 피하셔야 합니다).
신체검사	• 1학년과 4학년은 국가에서 무료로 신체검사를 실시합니다. • 키, 몸무게, 시력, 치아 검사 등 기본적인 건강 사항을 측정합니다. – 시력 검사에서 눈이 나쁘다는 결과가 나오면 정밀검사를 한 후 안경을 맞춰 주셔야 합니다.

6월

행사	학부모 Tip
보훈의 달 행사	• 6월은 보훈의 달로, '통일' 관련 행사를 실시합니다. 1학년의 경우 주로 그리기나 표어 짓기 대회를 진행합니다. • 학교에 따라서 우수 작품(학교마다 학급당 학생 수가 다르므로 작품 선정 수도 다름)으로 뽑힌 경우 상장을 수여합니다. • 태극기 및 다문화 국기 게양 예전에는 학교에 게양하는 국기는 태극기뿐이었으나 요즘에는 다문화 아이들이 다니는 학교의 경우, 그 학교에 다니는 아이들의 국가 국기도 번갈아 태극기와 같이 게양합니다.
방과후학교 활동 수업 공개	• 방과후학교는 보통 분기별로 운영됩니다. • 한 분기가 끝날 즈음이면 학부모님을 초대하여 수업하는 모습을 공개하여 그동안 아이들이 배운 것을 솜씨 자랑을 하거나 레슨받는 모습을 보여줍니다. • 방과후 활동 수업 참관 후 아이들의 솜씨에 대해 칭찬과 격려를 해주시면 아이들은 뿌듯함에 자존감이 높아지고, 더욱 열심히 할 것입니다.
재난대응 안전 훈련	• 학교에서는 수시로 재난대응, 화재 대피 훈련 등을 합니다. 시기는 학교마다 다릅니다. • 국가적 차원에서 진행되는 안전 훈련으로 지진 대피 훈련이나 화재 대피 훈련 등 주기적으로 안전 훈련이 이루어집니다. – 1-2학년의 경우에는 <안전한 생활>이라는 수업이 있어서 안전에 대한 상식이나 의식이 매우 높은 편입니다.

7월

행사	학부모 Tip
여름방학	• 7월 하순부터 8월 하순까지 약 30여 일 동안 실시하나 학교마다 다릅니다 (가령 겨울에 학교 건물 수리 공사를 해야 하는 경우, 여름방학은 짧고 겨울방학이 길어지기도 함). • 방학 중에도 방과후학교, 돌봄교실, 도서실은 운영되므로 이용 가능합니다. • 통지표 배부(이 책, p. 104 '통지표' 부분 참고) • 방학 중 1, 4학년은 학교 지정병원에서 국가부담의 건강검진을 받아야 합니다.
방학과제	• 학년별 공통 과제와 학급 과제, 개별과제가 있습니다. • 공통 과제는 학년에서 공통으로 내준 과제고, 학급 과제는 담임선생님께서 내주시는 것이고, 개별과제는 선생님이 개별적으로 내준 숙제입니다. • 개별과제는 다소 부족한 부분을 보충해 오라는 것일 수도 있지만 과학탐구나 대회를 준비하는 아이들의 경우 개별로 탐구과제를 하기도 합니다.

8월

행사	학부모 Tip
여름방학 중 체험학습	• 방학 중 체험학습이나 여행에서 가족의 의견을 반영하여 결정하는 민주적인 방식을 보여주면 자녀의 생활 태도에 도움이 됩니다. • 체험학습지를 선정하는 경우에는 교과 학습과 관련이 있는 역사 체험이나 기후, 환경교육과 관련이 있는 곳, 자녀의 진로와 관련이 있는 곳 등을 염두에 두고 결정하면 의미 있는 시간이 될 것입니다.
방학 중 학습	• 부족한 과목은 보완해 주어야 학습 부진이 생기지 않습니다(특히, 한글, 연산). • 예습으로 2학기 교과서를 미리 공부하면 2학기 수업 시간에 지루해져서 딴짓을 하는 경우가 생기므로 직접적인 교과서 예습보다는 2학기 학습과 관련된 것들을 살펴보는 것이 좋습니다. • 독서를 통한 문해력 지도 한글을 익히고 나면 그다음 단계로, 글을 읽고 제대로 이해할 수 있게 독해력, 문해력 중심의 독서 지도를 해주십시오.

2 2학기

행사	학부모 Tip
2학기 시작	• 2학기 시작 대부분 2학기는 여름방학이 끝나면 시작되는 줄 알고 있으나 정확히는 9월 1일부터 시작됩니다. • 임원 선거 2학기 임원 선거는 대부분 8월 말에 선출하여 9월 1일부터 활동하도록 합니다.
학부모 상담주간	• 학부모 상담주간 1학기 상담 때는 주로 나의 자녀에 대한 정보를 제공하며 선생님의 의견을 청취하는 형식이었다면, 2학기 상담에서는 그동안 나의 자녀가 학교에서 어떻게 생활하고 있는지에 대해 듣고, 자문을 구하는 형식으로 상담을 하시면 좋습니다.
대운동회	• 대부분의 학교는 '대운동회'와 '학예발표회'를 격년으로 운영하는 경우가 많으나 학교마다 다릅니다. • 9월 말-10월 초에 개최하는데 전교생이 참여하고 학부모님들이 참여하시므로 5월의 소운동회에 비해 규모가 큽니다. • 요즘 대운동회는 학교에서 자체 프로그램을 운영하기보다는 외부 게임 전문 이벤트 업체와 계약을 하여 운영되는 경우가 많습니다. 이는 운동회 연습으로 수업 결손이 너무 많아 보완한 것입니다. • 대운동회의 경우 학생 수가 많은 학교에서는 저, 중, 고학년으로 나누어서 진행하기도 합니다. • 대운동회는 자녀가 처음으로 맞이하는 대규모의 체육활동으로, 1학년 아이들에게 오랫동안 기억에 남으므로 학부모 참여 종목에 적극 참여하셔서 좋은 추억을 남겨주세요.

10월

행사	학부모 Tip
가을 현장학습	• 가을 현장학습은 통합교과의 <가을> 단원과 연계하여 체험학습으로 진행되는 경우가 많습니다(고구마 캐기, 밤 줍기 등) • 멀미 체험학습은 도시 근교로 가기 때문에 버스를 타야 하는데, 멀미를 하는 아이들은 미리 사전 조치를 취해야 합니다. 버스에서 토를 하는 경우, 선생님이 그 아이를 전담해서 보살펴야 하는데 그럴 경우 다른 아이들에게 신경을 쓰기가 어려워 안전지도에 어려움이 있습니다. • 아픈 아이 아이가 많이 아픈데도 현장학습을 가고 싶다면 보호자가 같이 가는 방법도 있습니다.
한글날 기념 행사	• 10월 9일 한글날을 전후로 학교에서는 바른 언어 사용 교육과 더불어 글짓기 대회, 세종대왕께 편지쓰기 등 다양한 행사가 열립니다. • 독서 행사 - 10월은 독서의 달이라 여러 독서 행사가 열립니다. 도서관에서는 다독상을 선발하여 상을 주거나 독서감상화 그리기, 백일장, 논술 대회, 토론 대회 등 학교 상황에 맞게 운영됩니다. - 5-6학년의 경우 독서토론 대회나 논술 대회에서 학교 대표로 뽑힌 학생은 교육청 단위의 대회에 나갈 수 있습니다.

11월

행사	학부모 Tip
학예 발표 및 작품 전시회	• 작품 전시회와 학예 발표회는 수업 시간이나 방과후학교에서 배운 것들을 전시와 공연을 통해서 발표하는 것입니다. • 전시회 - 전시회는 강당이나 체육관, 혹은 교정이나 복도 등의 공간에 학생, 학부모 작품을 전시하여 아이들이 관람하면서 어깨 너머로 배우는 귀중한 시간입니다. - 주로 그림이나 시화, 꽃꽂이, 수예 작품, 조립한 로봇, 3D로 만든 작품 등을 전시하는데 아이들의 반응이 뜨겁습니다.

- 공연 발표

  학급에서 배운 리코더나 오카리나 연주, 포크댄스, 합창 등을 하기도 하고, 방과후학교에서 배운 방송댄스나 악기 연주, 태권도, 오케스트라 연주 등을 발표합니다.

12월

행사	학부모 Tip
크리스마스 행사	• 12월이 되면 아이들은 크리스마스 분위기가 나도록 교실을 꾸밉니다. • 12월쯤 되면 아이들이 제법 초등학생 티가 나고 어른스러워 보입니다. 친한 친구들도 생기게 되어 크리스마스 카드를 써서 보내기도 합니다.
겨울방학	• 12월 하순-1월 하순이나 지역마다 다릅니다. • 경기도의 경우 1월 중순에 겨울방학을 시작하여 2월 말까지 합니다. 이런 경우 종업식을 1월에 하고 2월에는 학교에 나오지 않습니다.

1월

행사	학부모 Tip
겨울방학	• 겨울방학 동안 아이들은 훌쩍 크고 생각도 깊어집니다. • 겨울이라 웅크리기 쉬운데 이럴수록 운동하는 습관을 길러주어 자기 몸을 지키고 키워가는 기회를 마련해주십시오. • '설날'에 자녀가 세뱃돈을 받으면 무조건 부모님이 관리한다며 가져가지 말고, 자녀와 상의하여 세뱃돈을 사용하는 방법을 의논해 보세요. 어려서부터 올바른 경제관념을 배우는 것이 필요합니다.
개학	• 1월 하순에 개학을 하면 매우 춥기 때문에 복장을 단단히 챙겨 등교해야 합니다.

2월

행사	학부모 Tip
종업식, 졸업식	• 종업식 　- 2월 중순쯤 되면 한 학년을 마무리하는 종업식을 합니다. 　- 2학기 통지표에는 새 학년에 배정된 반이 기재되어 있습니다. • 종업식 후 약 2주간의 봄방학을 하고 3월에 새 학년으로 올라갑니다(지역마다 다름). • 졸업식 　2월 15일 전후로 6학년의 졸업식이 이루어집니다. 저학년은 졸업식에 참석하지 않고 5학년만 참석합니다(학교마다 다름).
통지표	• 2학기 통지표는 1학기에 비해 많은 내용을 담고 있습니다. • 2학기 공부한 결과와 행동 발달 특성으로 생활지도나 행동발달 상황이 기재되어 있으므로 훈육하는 데 참고하시면 도움이 됩니다.
새 학년 반 배정	• 통지표에 새 학년에 배정된 반이 적혀있습니다. • 3월 첫 날, 학교에 오면 2학년 교실을 찾지 못해 교무실로 오는 경우가 있으니 새 학년 첫날에는 교실 위치를 알려주시면 좋습니다. • 새 학년 반 배정은 학년 선생님들이 모여 심사숙고하여 아이들을 분반합니다. 성적, 생활 태도 등이 주요 기준으로 원만한 교우관계를 유지할 수 있도록 배정합니다.

5 교외 체험학습

　심리학자 아들러는 9살이 되기 전까지 겪는 체감의 경험을 '근원적 체험'이라고 했습니다. 예를 들면 평화로운 풍경이나 숲 냄새, 바닷바람의 감촉, 석양 보기와 같은 체험은 어른이 되었을 때 성격을 결정한다고 합니다. '근원적 체험'이 풍부한 아이는 그것을 기초로 창의성이 풍부해져 매사에 뛰어난 기량을 발휘한다고 합니다.

　1학년은 근원적 체험을 꽃피울 수 있는 시기입니다. 체험학습을 통해 자녀에게 다양한 경험을 할 수 있는 기회를 주십시오.

◉ 교외 체험학습이란

교외 체험학습은 일가 친척 집 방문이나 여행, 대회 출전 등 학교 밖의 현장에 가서 직접 보고 듣고 느낄 수 있는 시간이 필요한 경우 교외 체험학습 신청서를 제출하면 출석으로 인정하는 제도입니다.

◉ 체험학습의 종류

현장체험, 친인척 방문, 가족여행, 고적답사, 향토 행사 참여 등

◉ 교외 체험학습 신청 방법

1		2		3		4
체험학습 신청서 제출	»	학교장 승인	»	체험학습 실시	»	체험학습 보고서 제출

학부모 TIP

① 체험학습 3-7일 전에 신청서 제출(학교 홈페이지에서 다운로드해 작성 후 제출)

② 체험학습 횟수는 상관없이 각 학교에서 정해진 일수 내에서 가능(2022년 기준, 최대 38일까지 가능하나 코로나 종결 시 달라질 수 있음). 일수를 초과할 경우에는 결석으로 처리

③ 학원 수강, 해외 어학연수 등은 불가

④ 간혹, 상급학교를 준비하는 경우(6학년의 경우 예술중학교 등) 실기 연습을 하기 위해 가족여행과 같은 신청서를 활용하여 체험학습 신청서를 내고 준비하는 경우도 있으나 원칙적으로는 불가

6 돌봄교실

돌봄교실은 저소득층, 맞벌이 가정의 자녀를 대상으로 아침 돌봄, 방과후 돌봄으로 나누어 '나 홀로 있는 학생'들을 학교에서 안전하게 돌보며 교육하기 위해 운영되는 프로그램입니다.

- ▶ **대상**: 1-2학년 우선, 남은 자리는 3학년부터 순차적으로
- ▶ **선발 기준**: 저소득층 자녀, 맞벌이 가정, 한 부모 자녀 등

  (점차, 희망자는 모두 수용한다고 함)

- ▶ **돌봄교실 교사**: 돌봄 교사는 학교 선생님이 아닌 외부 인사를 선발하여 운영
- ▶ **비용**: 월 20,000-30,000원 수준(학교의 돌봄 서비스는 국가 지원으로 무상이지만 오후

  간식과 저녁 급식비용은 학부모 부담. 간식도 점차 무상으로 제공한다고 함)

- ▶ **운영 시간 및 내용**

아침 돌봄	• 아침에 일찍 출근하는 학부모님을 위해 등교 시간 전에 운영 • 아침 7시-등교 시간(학교마다 차이가 있음) • 일찍 온 아이들이 혼자 빈 교실에 있는 위험을 방지하기 위해 돌봄교실에서 수용함

오후
돌봄
	• 하교 후- 5시까지 운영(학교마다 차이 있음)
	• 학교에 개설된 방과후 특기적성 프로그램 교육에 참여 가능
	  (이 책, p. 74 '방과후학교 프로그램 안내(예시)' 부분 참고)
	• 돌봄교실에서 숙제나 받아쓰기, 일기쓰기, 문제집 풀기 등을 지도하기도 함
	  (또는 돌봄교실 자체 프로그램 진행)

저녁 돌봄	• 저녁 7시까지 운영(학교마다 차이가 있음) • 부모님의 퇴근 시간을 고려하여 오후 돌봄 후에 저녁 돌봄 신청 가능 • 저녁 돌봄은 신청 인원이 너무 적은 경우 운영되지 않을 수 있음
방학 돌봄	• 방학 중 돌봄이 필요한 아이들을 대상으로 운영 • 기본 학습 도움 과정, 도서실을 이용한 독서 프로그램, 강당을 활용한 체육활동, 교내 식 물 관찰 등 다양한 프로그램으로 운영 • 학교에서 점심 급식 제공

7 방과후학교

● 방과후학교에 대한 이해

방과후 학교란?	• 정규교과 외의 교육활동으로 사교육비 부담을 줄이고 교육격차를 줄이기 위해 도입된 것 • 학교에서 다양한 프로그램을 개설하여 하교 후에 저렴한 비용으로 배울 수 있게 만든 제도
특징	• 학교마다 개설되는 프로그램 강좌가 다름 • 방과후학교는 학과 공부를 비롯하여 다양한 예체능을 경험하도록 활용 • 강좌는 학부모 수요조사와 학교 실정(학생 수, 학교 특색사업 등)에 따라 결정됨 • 강사는 외부 전문 강사 또는 교내 교사 • 강좌는 체육, 음악, 미술, 과학, 컴퓨터, 교과 학습 등이며 학교 홈페이지나 가정통신문을 통해 안내되고 수강신청을 받음 • 자녀의 희망 사항을 반영하거나 아이의 재능을 살릴 수 있는 것으로 강좌를 선택하는 것이 바람직함 • 방과후학교는 주로 저학년 참여가 많으며 고학년으로 갈수록 보습학원으로 이동하는 경향이 있음
장점	• 수업이 끝나고 바로 이어서 하기 때문에 아이들이 외부로 이동하지 않고 학교에 남아서 배울 수 있음 • 적은 비용으로 다양한 것을 배울 수 있음 • 방과후 활동을 통해 다양한 친구들과 교류할 수 있음

● 방과후학교 프로그램 안내(예시)

※ 프로그램은 학교마다 다름

부서명 / 구분		과정 (학년)	운영 요일 (운영 시간)	1개월 수강료	장소	비고
음악 관련	플루트	1~2 3~6	화(14:00~14:50) 화(15:00~15:50)	35,000원 (8회 기준)	음악실	
	바이올린	1~2 3~4 5~6	월,금(13:00~13:50) 월,금(14:00~14:50) 월,금(15:00~15:50)	35,000원 (8회 기준)	시청각실	
	첼로	1~2 3~4 5~6	월,금(13:00~13:50) 월,금(14:00~14:50) 월,금(15:00~15:50)	35,000원 (8회 기준)	음악실	
미술 관련	창의미술	1~2 3~6	화(14:00~15:20) 화(15:00~15:50)	35000원 (4회8시간기준)	미술실	(재료비 별도)
	서예	3~6	수(14:00~15:50)	무료	방과후교실1	
신 체 활 동	요가	1 2 3~4	수(14:00~14:50) 목(14:00~14:50) 금(14:00~14:50)	무료	강당	
	축구풋살	5~6	수(14:00~15:50)	30,000	운동장	
	방송댄스	1~2 3~4 5~6	월(13:00~13:50) 월(14:00~14:50) 월(15:00~15:50)	19,500원 (4회 기준)	다목적실	
교 과 관 련	독서논술	1~2 3~4 5~6	월(13:00~13:50) 월(14:00~14:50) 월(15:00~15:50)	19,500원 (4회 기준)	방과후교실2	
	창의수학	1~2 3~6	목(14:00~14:50) 목(15:00~15:50)	19,500원 (4회 기준)	방과후교실2	(재료비 별도)
	영어	1 2	수(15:00~15:50) 수(14:00~14:50)	19,500원 (4회 기준)	방과후교실1	
	요리교실	1~2 3~6	목(14:00~15:20) 목(15:30~16:50)	35,000원 (4회8시간기준)	실과실1	(재료비 별도)

컴퓨터 관련	로봇과학	1 ~ 2	화(14:00~14:50)	19,500원 (4회 기준)	다목적실	(재료비 별도)
		3 ~ 6	화(15:00~15:50)			
	코딩	1	수(14:00~14:50)	25,000원	컴퓨터실	
		2	수(15:00~15:50)			
	컴퓨터	3 ~ 4	목(14:00~14:50)	25,000원	컴퓨터실	
		5 ~ 6	목(15:00~15:50)			

8 학부모 모임

1 녹색어머니회

- 경찰청에 소속된, 학부모들로 구성된 단체
- 등하굣길에 횡단보도에서 차량을 통제함으로써 학생들의 교통안전을 지키는 것
- 학기 초에 학교에서 봉사 희망자를 모집하거나, 모든 학부모가 의무적으로 1년에 2-5(학생 수에 따라 달라짐)번씩 배정되어 운영
- 요즘에는 어머니뿐만 아니라 아버지가 활동하기도 함
- 시간이 맞지 않을 경우 다른 분과 날짜를 바꿔서 참여할 수 있음
- 요즘은 학교마다 모집에 어려움을 겪기 때문에 지역 경로당과 협약하여 어르신들의 도움을 받기도 함(어르신 수당은 시니어 근로단 등에서 지급)

2 운영위원회

- 학부모, 학교장을 포함한 교원, 지역사회인사(교육행정기관, 교육전문가, 동문대표, 기업인 등)로 구성됨
- 학부모 위원은 학부모가 직접 또는 간접 선출
- 역할은 교육과정의 운영방법, 교과용 도서 및 부교재의 선정, 수학여행 등 학부모가 경비를 부담하는 사항, 학교운영지원비, 교육회계 등 학교운영에 관한 위원들의 제안 사항, 학교장 이 심의 요청한 사항 등을 심의함

3 어머니회(학급 임원 모임 포함)

- 어머니회는 학교에서 하는 행사나 교육활동에 도움을 주시는 역할을 하는 단체
- 학급 대표가 학교 어머니회 활동을 하는 경우가 대부분임
- 현장학습이나 운동회 등의 행사에서 보조 역할을 하거나 경기 진행요원 등으로 활동(학교마다 다름)
- 학교 어머니회 취미반이나 독서 모임 등과 같은 활동 가능

 학교 소식 알기

학교에 대한 소식은 주로 가정통신문이나 학교 홈페이지, 학급 홈페이지, 학부모서비스 등을 통해서 알게 됩니다.

학교 홈페이지	학교소개	학교장 인사말, 학교연혁, 교육목표 등
	학생마당	학급 홈페이지, 전교어린이회, 친구칭찬방 등
	열린마당	가정통신문, 학부모게시판, 영양 및 보건소식 등
	정보공개방	학교규칙, 학교운영위원회, 학교 회계현황 등
	사이버학습	EBS 교육방송 등
학급 홈페이지	학급소개	학급특색, 담임 교사와 학생 수, 시간표 등
	알림장	학생들에게 안내되는 내용 탑재
	게시판	공지사항, 주간학습안내, 학급자료실 등
	학급앨범	학급 교육활동 모습 제공(개인정보 노출로 인해 탑재하지 않는 경우도 있음)
학부모 서비스	• 학교를 찾아가지 않아도 자녀의 생활(성적, 행동 발달 등)을 인터넷으로 한눈에 열람할 수 있는 인터넷 서비스	

<학부모 서비스 이용하는 방법>

사이트에 접속
(www.neis.go.kr) ≫ 학부모서비스 선택
(해당 교육청) ≫ 회원 가입
(공인인증서 로그인)

자녀 정보 열람 ≪ 학교에서 승인 ≪ 학생·학부모 정보
입력 후 신청

※ 공인인증서(은행용·증권용)가 없는 경우 학부모서비스용 인증서를 온라인으로 신청하여 발급받을 수 있습니다.

<학부모 서비스로 이용되는 정보>

학생정보	시간표, 출석부, 학교생활기록부, 성적 등
학생생활	학교안내, 학사일정, 식단표, 가정통신문, 주간학습 등
학생건강	건강기록부, 신체활동, PAPS, 예방접종내역 등
학생상담	공지사항, 선생님과의 상담, 상담내역
학생교육	학업지도, 인성지도, 진학지도, 진로지도 등
정보제공	학습자료, 홍보자료 등
이용안내	소개, 이용 안내, 공지사항, 자주 묻는 질문 등

10 스쿨뱅킹

◉ 통장 개설

통장 개설 이유	• 모든 초중고등학교에서는 학교 교육활동에서 필요한 경비가 학교에서 지정한 은행 통장을 통해 자동납부하는 시스템
통장 개설 방법	• 부모 이름으로도 가능하나 학생 이름으로 개설하면 학생 이름과 통장 이름이 일치하여, 학교 행정실에서 문제가 생겼을 경우 학생을 찾아서 조치를 취하기 수월함 • 구비 서류 ❖ **미성년자 업무처리 시 구비서류(미성년자 기준: 만 19세 미만)** 미성년자 기준으로 주민등록번호 나오게 발급 (증명서의 유효기간은 3개월) ▶ 미성년자 기준 가족관계증명서(상세) ▶ 미성년자 기준 기본증명서(상세) ▶ 신분증(방문하시는 대리인) ▶ 통장도장 ** 공동친권 시 친권자 모두 내방**

● 스쿨뱅킹

수익자 부담 경비	• 방과후학교 교육비, 현장체험학습비, 청소년단체 활동비, 급식비, 돌봄교실 간식비 등
스쿨뱅킹 절차	• 개인통장 개설 → 학교에 스쿨뱅킹 신청(학교에서 가정통신문을 통해 절차 안내함) → 학교에서 행사 등에 따른 경비 수납 안내 → 통장의 잔고 확인 → 통장에서 인출
잔고 확인	• 통장에 잔고가 부족하면 인출이 되지 않아 학생에게 불이익이 생길 수 있으므로 수시로 잔액을 확인하기 • 특히 방과후학교는 강좌 시작할 때, 3개월분 수강료를 인출 • 여러 강좌를 들을 경우 목돈이 한 번에 빠져나가므로 반드시 잔고를 확인하여야 함 • 잔고 부족으로 수강료 미인출 시 수강하지 못하는 경우가 생김

PART 4

1학년 교육 과정 알기

① 1학년 교육과정

◉ 2022 개정 교육 과정 시행

2024학년도 1학년은 2022 개정 교육과정에 따라 학교 교육과정을 운영합니다. 초등학교 교육과정은 1~2학년군, 3~4학년군, 5~6학년군으로 운영되며, 2024학년도에는 1~2학년군부터 2022 개정 교육과정이 시행됩니다.

학년군 \ 학년도	2024	2025	2026
1~2	2022 개정 교육과정 시행		
3~4	2015 개정 교육과정	2022 개정 교육과정 시행	
5~6	2015 개정 교육과정	2015 개정 교육과정	2022 개정 교육과정 시행

- 신입생의 학교생활 적응 활동을 위해 3월 입학 초기 적응 활동을 운영합니다.
- 한글 해득 교육 강화를 위하여 1~2학년군 국어 교과 시수가 34시간 늘었습니다.
- 대근육을 활용한 신체 활동과 실질적인 움직임 기회를 제공함으로써 실·내외 놀이 및 신체활동을 강화합니다.
- 교과와 연계한 실생활 중심의 안전교육을 강화합니다.
- 1학년 1학기 진로연계교육을 통해 유치원(누리과정)과 초등학교 연계를 강화합니다.

1~2학년군 교육과정 체계화

- 1학년 입학 초기 적응활동과 교과 교육과정 중복개선
- 한글 해득 교육 강조를 위한 국어 교과 시수 확대 (34시간)
- 즐거운 생활 교과의 놀이 및 신체활동 강화

진로연계교육

유치원 1학년	2~5학년	6학년 중학교
긍정적 자아 형성	학년 전환기 진로연계교육	학교급 전환과 중학교 생활 준비

• 학교생활 이해 및
  적응
• 기초학습 토대
  마련
• 한글 해득
	• 교과 연계 진로 활동
	• 학습과 성장의
	  연속성 지원
	• 학생 역량 함양 및
	  자기 주도 능력 향상
		• 중학교 생활 이해
		  및 학습 준비
		• 자유학기제 이해
		• 진로탐색 및
		  교과연계 진로활동

1학년 1학기 유치원(누리과정)과 초등학교 연계 강화
6학년 2학기 중학교 생활 및 학습 준비 프로그램 운영

1 1학년 교육과정 편제

1학년 교육과정은 교과 교육과정과 창의적 체험활동으로 나누어져 있습니다. 교과는 국어, 수학, 바른 생활, 슬기로운 생활, 즐거운 생활이 있으며 창의적 체험활동은 자율 활동, 동아리 활동, 봉사 활동, 진로 활동으로 하되, 체험활동 중심의 '안전한 생활'을 포함하여 편성·운영합니다.

● 1학년 교과와 영역

국어	교과서	국어, 국어 활동
	영역	듣기·말하기, 읽기, 쓰기, 문법, 문학, 매체 영역
수학	교과서	수학, 수학 익힘
	영역	네 자리 이하의 수, 두 자리 수의 덧셈과 뺄셈, 한 자리의 곱셈, 규칙, 간단한 자료의 분류와 그래프, 입체도형과 평면도형의 모양, 양의 비교, 시각과 시간, 길이
통합교과	교과서	바른 생활, 슬기로운 생활, 즐거운 생활
	영역	<우리는 누구로 살아갈까>, <우리는 어디서 살아갈까> <우리는 지금 어떻게 살아갈까>, <우리는 무엇을 하며 살아갈까>

◉ 1학년 1학기 국어과 단원명(주요 내용)

- 한글 놀이(글자 놀이, 모음자 놀이, 자음자 놀이)
- 글자를 만들어요(글자의 짜임 알기, 받침 없는 글자 읽고 쓰기 등)
- 받침이 있는 글자를 만들어요(받침 있는 글자 읽고 쓰기, 바른 자세로 말하고 듣기 등)
- 낱말과 친해져요(받침이 있는 글자 쓰기, 여러 가지 낱말 읽기 등)
- 여러 가지 낱말을 익혀요(나와 가족, 학교와 이웃에 대한 낱말 익히기 등)
- 반갑게 인사해요(인사말 알기 및 인사말 하기, 동시 따라 읽기 등)
- 또박또박 읽어요(문장의 뜻을 생각하며 읽기, 문장 부호의 쓰임 알기 등)
- 문장을 만들어요(문장에 어울리는 낱말 넣기, 문장 만들기·말하기·쓰기 등)

◉ 1학년 1학기 수학과 단원명(주요 내용)

- 9까지의 수(9까지의 수 읽고 쓰기, 9까지의 두 수 크기 비교하기 등)
- 여러 가지 모양(모양 알아보기, 주변에서 모양 찾아보기 등)
- 덧셈과 뺄셈(9까지의 수 범위에서 모으기와 가르기, 한 자리 수의 덧셈과 뺄셈하기 등)
- 비교하기(무게, 들이, 길이, 넓이를 비교하기, 비교하는 대상을 말로 표현하기 등)
- 50까지의 수(50까지의 수의 순서를 알고 수의 크기 비교하기 등)

◉ 통합 교과와 주제(바른 생활+슬기로운 생활+즐거운 생활)

초등학교 1~2학년군의 통합교과는 학생 개인의 관심사와 공동체의 문제를 아우를 수 있는 탈학문적 주제를 중심으로 교육과정을 통합했으며 바른 생활, 슬기로운 생활, 즐거운 생활을 말합니다.

통합교과의 주제는
- 학교생활의 습관과 학습 습관, 가족과 주변 사람, 생태 환경의 이해, 건강과 안전 등
- 공동체 생활 모습, 우리나라와 다른 나라의 모습과 문화와 예술 등

- 인물의 삶과 하루 생활, 계절, 과거-현재-미래의 생활, 자연과 변화, 전통문화, 아동의 권리 등
- 생활 도구의 모양과 기능, 다양한 매체와 재료, 생각과 느낌 등이 있습니다.

※ 2022 개정 교육과정 시행을 위한 현장검토본을 기준으로 제시.

● 1학년 입학 초기 적응 활동

초등학교 교육과정은 교과와 창의적 체험활동으로 편성합니다. 1학년 교과는 국어, 수학, 바른 생활, 슬기로운 생활, 즐거운 생활입니다.

입학 초기 3월에는 '입학 초기 적응 활동'을 통해 학교생활 조기 적응과 기초 문해력을 강화하고 교과 학습 도입 초기부터 학습 격차 발생을 예방할 수 있도록 합니다.

- 긍정적 자아 형성 및 학교생활 적응
- 기초학습 토대 마련
- 또래 관계 및 학교폭력 예방교육 강화 등

● 초1, 2학년 안정과 성장 맞춤 교육과정(안성맞춤 교육과정)

유아교육과 연계한 교육환경 조성으로 정서적·신체적 안정과 발달단계에 맞는 인지적·관계적 성장을 지원하는 '초등학교 1, 2학년 학생 맞춤형 교육과정'을 말합니다.

2 교과별 학습 내용 체계

1 1학년 교과서

● 국어

국어과

국어
- 일상생활과 학습에 필요한 기초적인 국어능력을 습득하는 내용 중심
- 유아 교육과정(누리과정)과 연계되어 한글 교육 중심으로 구성

국어 활동
- 국어 교과서와 연계하여 한글 읽기, 쓰기 활동 등을 강화한 보조 교과서로 구성

● 수학

수학과

수학
- 덧셈과 뺄셈, 기본도형, 시계보기, 규칙 찾기 등의 학생 수준을 고려한 수학적 사고 활동을 확대할 수 있도록 구성

수학 익힘
- 수학 교과서에서 배운 내용을 복습할 수 있는 워크북 형태로 구성

◉ 통합교과(바른 생활+슬기로운 생활+즐거운 생활)

1학년 통합교과는 바른 생활, 슬기로운 생활, 즐거운 생활을 통합한 것을 말합니다. 통합교과 영역은 크게 네 가지로 다음과 같은 내용을 배웁니다.

교과 영역	내용
<우리는 누구로 살아갈까>	학교 생활의 습관과 학습 습관, 가족과 주변 사람, 생태 환경의 이해, 건강과 안전 등
<우리는 어디서 살아갈까>	공동체 생활 모습, 우리나라와 다른 나라의 모습과 문화와 예술 등
<우리는 지금 어떻게 살아갈까>	인물의 삶과 하루 생활, 계절, 과거-현재-미래의 생활, 자연과 변화, 전통문화, 아동의 권리 등
<우리는 무엇을 하며 살아갈까>	생활 도구의 모양과 기능, 다양한 매체와 재료, 생각과 느낌 등

학부모 TIP

- 3월에는 입학초기 적응활동을 합니다(교과 공부 대신 학교별 교육 프로그램 운영).
- 창의적 체험활동 시간을 활용하여 안전한 생활 교육을 합니다.
- 교과서를 분실하였을 경우 개인이 직접 구입해야 합니다.
- 1학기 교과서는 3월 중순 이후, 2학기 교과서는 1학기 말에 배부됩니다.
- 교과서는 학습 자료의 하나로 지역, 학급 실정에 따라 재구성하거나 대체 자료를 사용할 수 있습니다.
- 수학익힘책은 보조교과서로 주로 가정에서 복습하는 데 사용합니다.
- 교과서 외에 창의적 체험활동 교재는 학교별로 다릅니다.

교과 내용(2015 개정 교육과정 기준)

● 국어

1학년 1학기

단원	학습 내용	학부모 Tip
1. 바른 자세로 읽고 쓰기	• 바르게 듣는 자세를 익힌다. • 바른 자세로 말하고 따라 읽는다.	- 아이들 중에 청각적 인지를 잘 못하는 경우가 있습니다. 글은 집중해서 읽는데, 듣는 건 잘 못하는 경우가 있으니 확인해 보시고, 다른 사람의 말을 집중해서 듣는 연습을 시켜주세요. - 듣기가 잘 안되면 받아쓰기 시험을 볼 때, 선생님이 말하는 것을 알아듣지 못해서 엉뚱한 것을 쓰는 경우가 많습니다. - 청각적 집중력을 키워주기 위해서는 부모님이 자녀에게 그림책이나 동화를 소리 내어 읽어주고 내용에 대해 간단하게 물어보며 확인하는 활동을 지속적으로 해주세요.
2. 재미있게 ㄱㄴㄷ	• 자음자의 모양과 이름과 소리를 알고 쓴다. • 자음자 놀이를 한다.	
3. 다함께 아야어여	• 모음자의 모양과 이름, 소리를 안다. • 모음자를 읽고 쓴다. • 모음자 놀이를 한다.	- 이 책, p. 133 '한글 익히기' 부분을 참고하세요.
4. 글자를 만들어요	• 글자에서 자음과 모음을 찾는다. • 글자의 짜임을 안다. • 이야기를 듣고 낱말을 읽는다.	

5. 다정하게 인사해요	• 인사한 경험을 떠올리며 인사할 때 마음가짐을 안다. • 바르게 인사한다.	- 아이들 중에는 매번 볼 때마다 인사를 하는 아이도 있고 전혀 인사를 하지 않는 아이도 있습니다. - 인사는 소통의 시작입니다. 친구와 선생님, 이웃에게 먼저 인사를 하는 습관을 길러주세요.
6. 받침이 있는 글자	• 받침이 있는 글자의 짜임을 알고 받침이 있는 글자를 읽는다.	- 이 책, p. 133 '한글 익히기' 부분을 참고하세요.
7. 생각을 나타내요	• 문장에 어울리는 낱말을 넣어 문장을 쓰고 소리 내어 읽는다.	- 아이들에게 생각이나 느낌을 물으면 대부분 '좋아요', '싫어요' 정도로만 대답합니다. - 생각이나 감정을 좀 더 다양하게 표현하게 하려면, "어떤 점이 좋은데?", "왜 좋은데?"와 같은 질문을 해주시는 것이 자녀의 생각의 폭을 넓혀가는 데 도움이 됩니다.
8. 소리 내어 또박또박 읽어요	• 문장 부호의 쓰임을 안다. • 띄어 읽으면 좋은 점을 알고 문장 부호에 맞게 띄어 읽는다.	- 소리 내어 읽기는 음운론적인 읽기와 정확한 발음을 내는 연습으로 매우 좋습니다. - 처음에는 부모님이 소리 내어 읽어주다가, 서로 번갈아 가며 읽어주기로, 이후에 아이가 소리 내어 읽을 수 있게 해주세요. - 이 책, p. 139 '독서 습관 익히기' 부분을 참고하세요.
9. 그림일기를 써요	• 하루 동안에 일어난 일을 말한다. • 그림일기 쓰는 방법을 알고 겪은 일을 그림일기로 쓴다. • 그림일기의 잘된 점을 말한다.	- 1학기가 끝날 즈음 그림일기 쓰기를 배우는데, 그림도 그리고 글도 써야 하므로 아이들에게 쉬운 작업이 아닙니다. - 글은 2-3줄에서 점차 분량을 늘려가며 쓰게 지도해주세요. - 그림을 잘 그리지 않아도 된다고 안심을 시켜주세요. - 그림일기에서 그림은 글 내용 전체를 그리지 않아도 됩니다.

단원	학습 내용	학부모 Tip
1. 소중한 책을 소개해요	• 책 읽은 경험 말하기 • 글을 읽고 재미있는 부분, 새로운 부분 찾기 • 낱말의 받침에 주의하며 글 읽기 • 여러 가지 모양의 책 읽기 • 재미있는 책 소개하기	- 초등학교 3학년부터 고등학교 3학년까지 학기마다 독서 단원이 있습니다. '한 학기 한 권 읽기' 차원에서 마련되었는데, 한 권의 책을 깊이 있게 온전히 읽는 연습을 하는 단원입니다. - 1학년에서의 독서 지도는 다양한 책을 읽되 점차 분량이 많아지고, 그림 중심에서 이야기 중심의 책으로 옮겨가는 연습을 하는 것이 좋습니다.
2. 소리와 모양을 흉내 내요	• 흉내 내는 말의 재미를 느끼고 흉내 내는 말을 넣어 문장 만들기 • 소리나 모양을 떠올리며 시와 글 읽기 • 여러 가지 받침이 있는 글자 알고 끝말잇기 하기	- 부모님들께서는 주로 이야기 글을 중심으로 독서를 시키는 경우가 많습니다. 아이들의 감성과 정서 개발 차원에서는 '시'를 읽게 하는 것이 좋습니다. - 글을 쓸 때 소리나 모양을 흉내 내는 낱말을 넣어 '시'로 쓰는 것이 훨씬 더 쉬울 수도 있습니다.
3. 문장으로 표현해요	• 문장 부호의 쓰임을 알고 문장 바르게 쓰기 • 여러 개의 문장으로 나타내기 • 받침에 주의하여 문장 쓰기 • 글을 읽고 생각이나 느낌을 문장으로 쓰기	- 받아쓰기는 교육과정에서 3학년부터 실시하도록 되어있습니다. - 받침 쓰기는 어려운 것이니 짧은 시간 안에 맞춤법이나 띄어쓰기를 완성 지으려 하지 않아도 됩니다.
4. 바른 자세로 말해요	• 바른 자세로 이야기 듣기 • 듣는 사람을 바라보며 잘하는 것을 자신 있게 말하기 • 느낌을 살려 이야기 읽어주기	- 1학년이 되면 20평 정도 되는 넓은 공간에서 많은 아이들과 수업을 하게 됩니다. - 따라서 발표할 때 다른 아이들이 다 들을 수 있도록 큰 목소리로 해야 하는데, 매우 힘들어합니다.

5. 알맞은 목소리로 말해요	• 노래를 듣고 재미 느끼기 • 알맞은 목소리로 글을 읽어야 하는 까닭 알기 • 알맞은 목소리로 소리 내어 친구들에게 글 읽어주기	- 발성 연습을 통해 목소리를 키우는 훈련을 해 주시면 아이에게 도움이 될 것입니다. - 또한 발표할 때, 말끝을 흐리는 경우가 많은데, 끝까지 분명하게 말하는 연습도 필요합니다.
6. 고운 말을 해요	• 고운 말을 쓰면 좋은 점 알기 • 듣는 사람을 생각하며 자신의 기분 말하기 • 고운 말로 인사하기	- 저학년 때는 비교적 고운 말을 잘 사용하나 고학년이 되면서 욕이나 비속어들을 쓰게 됩니다. - 언어가 그 사람의 품격을 나타낸다는 것을 어려서부터 알려주셔서 고학년이 되어서도 함부로 욕을 쓰지 않도록 습관을 만들어 주세요.
7. 무엇이 중요할까요?	• 설명하는 대상 알기 • 누가 무엇을 했는지, 일어난 일을 생각하며 글 읽기 • 내용에 알맞은 제목 붙이기	- 책을 읽고 등장인물이나 주인공 이름, 어떤 일이 일어났는지, 읽고난 뒤 어떤 생각이 들었는지 등과 같은 이야기를 나누면 저절로 독해력 공부가 됩니다. 독서에서 중요한 것은 글을 읽고 내용을 제대로 파악하는 것입니다. - "어떤 내용이니?"와 같은 광범위한 질문은 아이를 위축되게 만듭니다. 전체 내용을 요약하는 것은 어른들도 어렵기 때문입니다.
8. 띄어 읽어요	• 글을 바르게 띄어 읽어야 하는 까닭을 알고 바르게 띄어 읽기 • 글을 읽고 무엇을 설명하는지 생각하며 읽기 • 글을 실감 나게 읽기	- 정확한 발음으로 글을 읽는다는 것은 띄어 읽기와 낱말과 낱말 사이의 호흡을 적당히 조절하면 충분히 잘할 수 있습니다. - 아나운서 놀이나 핸드폰의 녹음 기능을 활용하여 오디오북을 만드는 놀이를 통해서 재미있게 연습할 수 있습니다.

9. 겪은 일을 글로 써요	• 글쓴이가 겪은 일 알기 • 겪은 일이 잘 드러나게 말하고 글쓰기 • 가장 쓰고 싶은 일을 글로 쓰기	- 일기를 쓰기 위해서 오늘 겪은 일을 말해보라 하면 아이들은 한참을 생각해야 합니다. 따라서 시간대별, 장소별로 어떤 일이 있었는지를 물어보는 것이 좋습니다. - 예를 들면, "오늘 학교에서는, 학원에서는 어떤 일이 있었니?", "수업 시간에는, 쉬는 시간에는, 점심시간에는 어떤 일이 있었니?"와 같이 물어보는 것이 좋습니다.
10. 인물의 말과 행동을 상상해요	• 만화 영화를 보고 재미있는 장면 말하기 • 인물의 모습과 행동을 상상하며 이야기 듣고 행동 따라하기 • 인물에 어울리는 말과 행동하기	- 요즘 아이들은 다매체 시대를 살아갑니다. 따라서 아이들은 정보를 찾을 때, 책보다는 주로 인터넷이나 유튜브 등을 통해서 얻습니다. - 만화 영화 매체가 수업에 들어온 것은 다양한 매체를 학습에서 활용하기 위해서입니다. - 그러므로 핸드폰이나 컴퓨터 사용을 무작정 제한하기보다는 학습과 관련된 경우에는 올바르게 사용할 수 있도록 지도해주시면 디지털 시대를 살아가는 아이들이 자기에게 맞는 도구를 잘 활용할 수 있을 것입니다.

● 수학

1학년 1학기

단원	학습 내용	학부모 Tip
1. 9까지의 수	• 몇 일까요? 수를 써봅시다. • 몇 째일까요, 수의 순서를 알아볼까요? • 어느 수가 더 클까요? - 1만큼 더 큰 수와 작은 수 • 수 놀이를 해요. • 얼마나 알고 있나요? • 탐구 수학: 숫자를 찾아 말해볼까요?	- 1학년 수학에서 수의 범위는 100까지입니다. 1학기에는 50까지, 2학기에는 100까지로 점차 수의 크기가 커집니다. - 수학을 잘하려면 수의 연산보다 수 세기, 수의 크기를 정확히 아는 것부터 시작해야 합니다.

2. 여러 가지 모양	• 여러 가지 모양을 찾고 알아볼까요? • 여러 가지 모양을 만들어 볼까요? • 수 놀이를 해요. • 얼마나 알고 있나요? • 탐구 수학: 마을을 만들어 볼까요?	- 초등학교 1학년 단계에서는 여러 가지 모양을 사각형, 삼각형, 원으로 구분하는 것이 아니라 상자모양, 둥근기둥모양, 공 모양으로 구분하여 분류합니다.
3. 덧셈과 뺄셈	• 모으기와 가르기를 해볼까요? • 더하기는 어떻게 나타낼까요? – 덧셈을 해볼까요? • 놀이 수학: 덧셈 놀이를 해요. • 얼마나 알고 있나요? • 탐구 수학: 덧셈식과 뺄셈식을 만들어볼까요?	수학에서의 기본은 덧셈과 뺄셈의 연산입니다. 덧셈과 뺄셈이 원활하게 되지 않으면 곱셈과 나눗셈에도 영향을 미쳐 어려움이 생깁니다. - 모으기와 가르기는 덧셈과 뺄셈을 하기 위한 전 단계 활동입니다. - 생활 속에서 공기나 바둑돌을 이용하여 모으기와 가르기를 연습한다면 덧셈, 뺄셈을 하는 데 도움이 됩니다.
4. 비교하기	• 어느 것이 더 길까요, 무거울까요, 넓을까요? • 어느 것에 더 많이 담길까요? • 얼마나 알고 있나요? • 탐구 수학: 덧셈식과 뺄셈식을 만들어볼까요?	- 비교하기는 집에서 아이들과 놀이를 통해 연습할 수 있습니다. - 크고 작음(핏자 8등분 중 크고 작은 것 구분하기), 많고 적음(누나 용돈과 내 용돈의 금액 비교), 길고 짧음(친구들과 키 재보기), 무겁고 가벼움(비슷한 크기의 물건들을 저울에 올려보고 무게 비교하기) 등을 생활화하면 좋습니다.
5. 50까지의 수	• 다음 수는 무엇일까요? • 십몇을 알아볼까요? 모으기와 가르기를 해볼까요? • 10개씩 묶어 세어볼까요? • 50까지의 수를 세어볼까요? • 놀이 수학: 수 놀이를 해요. • 어느 수가 더 클까요? • 얼마나 알고 있나요? • 탐구 수학: 수를 세어볼까요?	- 1학기에는 1에서 50까지를 배웁니다. 1씩 커지는 수에서 10씩 커집니다. - 자녀가 수학에서 어려움을 겪는다면 방학 중에 집중적으로 학습시켜 부진이 생기지 않도록 해야 합니다. - 1학년부터 수학을 어려워하면 고학년에 올라가 쉽게 수학을 포기하기도 합니다.

단원	학습 내용	학부모 Tip (학습전략)
1. 100까지의 수	• 60, 70, 80, 90, 99까지의 수를 알아 볼까요? • 놀이 수학: 수 놀이를 해요. • 수의 순서를 알아볼까요? • 어느 수가 더 클까요? • 짝수와 홀수를 알아볼까요? • 얼마나 알고 있나요? • 탐구 수학: 내 자리를 알아볼까요?	- 1학기 때 1부터 50까지를 배운 후 60부터 100까지를 배웁니다. - 홀수와 짝수는 홀짝 놀이 등을 통해 자연스럽게 익히는 것이 좋습니다.
2. 덧셈과 뺄셈 (1)	• 덧셈을 해볼까요? • 놀이 수학: 덧셈 놀이를 해요. • 뺄셈을 해볼까요? • 얼마나 알고 있나요? • 탐구 수학: 덧셈과 뺄셈을 해볼까요?	- 2학기부터는 본격적으로 덧셈과 뺄셈을 배우므로 덧셈과 뺄셈 단원이 (1), (2), (3)까지 있습니다.
3. 여러 가지 모양	• 여러 가지 모양을 찾아볼까요, 알아볼까요, 꾸며 볼까요? • 여러 가지 모양으로 놀이를 해요. • 얼마나 알고 있나요? • 탐구 수학: 여러 가지 모양으로 마을을 꾸며 볼까요?	- □, △, ○ 모양을 네모, 세모, 동그라미라고 배우는 단원입니다. - 일반적으로 도형 단원은 연산이나 다른 단원에 비해 쉽게 배웁니다.
4. 덧셈과 뺄셈 (2)	• 덧셈을, 뺄셈을 어떻게 할까요? • 놀이 수학: 콩 주머니로 덧셈 놀이를 해요. • 두 수를 더해 볼까요? • 100이 되는 더하기를, 빼기를 해볼까요? • 얼마나 알고 있나요? • 탐구 수학: 세 수를 더해 볼까요?	- 덧셈과 뺄셈(2)에서는 세 수를 더하는 과정이 나옵니다. - 두 수를 더하는 단계에서 더 나아가므로 세 수를 더하는 연습도 필요합니다.
5. 시계 보기와 규칙 찾기	• 몇 시일까요? • 놀이 수학; 시계 놀이를 해요. • 규칙을 찾아 여러 가지 놀이를 해볼까요?	- 시계 단원은 아이들이 가장 어려워하는 단원입니다.

5. 시계 보기와 규칙 찾기	• 규칙을 만들어 무늬를 꾸며 볼까요? • 수 배열표에서 규칙을 찾아볼까요? • 얼마나 알고 있나요? • 탐구 수학: 포장지 무늬를 꾸며 볼까요?	- 요즘 아이들은 핸드폰이나 전자시계를 보기 때문에 바늘 시계를 보고 시각을 읽는 것을 어려워합니다. - 시계 보기는 그동안 10진법으로 배운 수를 12진법으로 읽어야 하므로 매우 어렵습니다. - 시계 단원을 수업 시간에 학습하는 것만으로는 시간이 부족하여 부진이 생기기 쉬우니 미리, 지속적으로 가르쳐 주어야 합니다.
6. 덧셈과 뺄셈 (3)	• 10을 이용하여 모으기와 가르기를 해볼까요? • 덧셈을 해볼까요, 뺄셈을 해볼까요? • 놀이 수학: 덧셈 뺄셈 놀이를 해요. • 얼마나 알고 있나요? • 탐구 수학: 세 수를 더해 볼까요?	- 덧셈과 뺄셈(3)에서는 덧셈과 뺄셈을 응용하여 덧셈식과 뺄셈식을 만드는 과정까지 배웁니다. - 수학에서 서술평가가 실시되므로 응용문제를 만들고 풀어보는 연습이 필요합니다.

◉ 통합 교과(바른 생활+슬기로운 생활+ 즐거운 생활)

1, 2학년은 바른 생활과 즐거운 생활, 슬기로운 생활을 통합하여 학습이 이루어집니다. 통합 교과는 크게 10개의 단원으로 이루어져 있으며 1학기에는 학교, 봄, 가족, 여름을 2학기에는 마을, 가을, 나라, 겨울을 배웁니다.

영역 (대주제)	핵심 개념 (소주제)	통합교과 내용 요소		
		바른 생활	슬기로운 생활	즐거운 생활
1. 학교	1.1 학교와 친구	• 학교생활과 규칙	• 학교 둘러보기 • 친구 관계	• 친구와의 놀이 • 교실 꾸미기
	1.2 나	• 몸과 마음의 건강	• 몸의 각 부분 알기 • 나의 재능, 흥미 탐색	• 나의 몸, 감각, 느낌 표현 • 나에 대한 공연·전시

영역 (대주제)	핵심 개념 (소주제)	통합교과 내용 요소		
		바른 생활	슬기로운 생활	즐거운 생활
2. 봄	2.1 봄맞이	• 건강 수칙과 위생	• 봄 날씨와 생활 이해 • 봄철 생활 도구	• 봄 느낌 표현 • 집 꾸미기
	2.2 봄 동산	• 생명 존중	• 봄 동산 • 식물의 자람	• 동식물 표현 • 봄나들이
3. 가족	3.1 가족과 친척	• 가정 예절	• 가족의 특징 • 가족·친척의 관계, 가족 행사	• 가족에 대한 마음 표현 • 가족 활동 및 행사 표현
	3.2 다양한 가족	• 배려와 존중	• 다양한 형태의 가족 • 가족 구성원의 역할	• 집의 모습 표현 • 가족 역할 놀이
4. 여름	4.1 여름맞이	• 절약	• 여름날씨와 생활 이해 • 여름철 생활 도구	• 여름 느낌 표현 • 생활 도구 장식·제작
	4.2 여름 생활	• 여름 생활 및 학습 계획	• 여름 동식물 • 여름방학 동안 하는 일	• 여름 동식물 표현 • 여름철 놀이
5. 마을	5.1 우리 이웃	• 공중도덕	• 이웃의 생활 모습 • 공공장소, 시설물	• 이웃 모습과 생활 표현 • 공공장소 시설물 활용 놀이
	5.2 우리 동네	• 일의 소중함	• 동네에 있는 것들 • 동네 사람들이 하는 일, 직업	• 동네 모습 표현 • 직업 놀이
6. 가을	6.1 가을맞이	• 질서	• 가을 날씨와 생활 이해 • 가을의 특징 알기	• 가을의 모습과 느낌 표현 • 가을 놀이
	6.2 가을 모습	• 감사	• 추석, 세시 풍속 • 낙엽, 열매	• 민속놀이 • 낙엽, 열매 표현
7. 나라	7.1 우리나라	• 나라 사랑	• 우리나라의 상징과 문화 • 남북한의 생활 모습과 문화	• 우리나라의 상징 표현 • 남북한의 놀이, 통일에 대한 관심 표현

영역 (대주제)	핵심 개념 (소주제)	통합교과 내용 요소		
		바른 생활	슬기로운 생활	즐거운 생활
7. 나라	7.2 다른 나라	• 타문화 공감	• 다른 나라 문화 • 다른 나라 노래, 춤, 놀이	• 다른 나라의 노래, 춤, 놀이 즐기기 • 문화 작품, 공연 감상
8. 겨울	8.1 겨울맞이	• 나눔과 봉사	• 겨울 날씨와 생활 이해 • 겨울철 생활 도구	• 겨울 느낌 표현 • 놀이 도구 제작
	8.2 겨울나기	• 동식물 보호 • 겨울 생활 및 학습 계획	• 동식물 탐구 • 겨울에 하는 일	• 동물 흉내 내기 • 겨울철 신체활동

● 안전한 생활

안전한 생활	1. 생활 안전	1-1. 학교에서의 안전한 생활
		1-2. 가정에서의 안전한 생활
		1-3. 사회에서의 안전한 생활
	2. 교통 안전	2-1. 보행자 안전
		2-2. 자전거, 자동차 안전
	3. 신변 안전	3-1. 유괴, 미아 사고 예방
		3-2. 학교 폭력, 성폭력, 가정 폭력
	4. 재난 안전	4-1. 화재
		4-2. 자연 재난

3 평가

초등학교에서 평가는 중고등학교 평가와 매우 다릅니다. 2015 개정 교육과정에서는 학생 개개인의 배움과 성장을 위한 맞춤형 수업을 실시하므로 '일제식 선택형 지필 평가' 위주의 평가에서 탈피하여 과정중심평가로 전환되었습니다.

1 과정중심평가

● 과정중심평가 개념

과정중심평가란 학생의 학습을 돕는 것을 목적으로 학습 과정 중에 일어나는 학생 간의 상호작용, 사고 및 행동의 변화 등 학생의 학습 성장 과정을 토대로 결과를 학생들에게 의미 있게 피드백하는 학습지향적 평가입니다.

● 과정중심평가의 방향

수행 평가의 내실화	과정과 결과를 연계하여 평가하며, 협동과제 수행을 통해 창의·인성교육을 강화함
수시 일괄평가 일상화	수행과제 중심의 학습역량 평가. 학습 결손 예방 피드백을 제공함
수업연계 평가	학습과제 수행과 직결되는 평가, 프로젝트 및 토의·토론수업을 활용함
학생활동 중심평가	학생의 활동 중심평가 내용을 선정하고 활용 과제를 실천할 수 있는 역량을 증진함

● 과정중심평가 유형

유형	내용
서술·논술	• 서술·논술은 한 편의 완성된 글로 답을 작성하는 방법 • 논술은 자신의 생각이나 주장을 논리적으로 작성하고, 학생이 제시한 아이디어 뿐만 아니라 조직이나 표현의 적절성 등을 함께 평가할 수 있음 - 창의성, 문제 해결력, 비판력, 통합력, 정보 수집 및 분석력 등의 고등 사고 능력을 평가하기에 적합 • 초등학교 단계에서는 한 문장 쓰기나 수학 문제 풀이 과정을 서술형으로 표기하는 평가 방법이 있음 • 서술, 논술을 잘하려면 작문 실력이 좋아야 하므로 평소에 독서를 많이 하고 구조적으로 생각하는 훈련 필요
구술	• 구술은 특정 내용이나 주제에 대해서 자신의 의견이나 생각을 발표하도록 하여, 학생의 준비도, 이해력, 표현력, 판단력, 의사소통 능력 등을 직접 평가하기 위해 활용하는 방법 • 교사는 특정 주제에 대하여 학생들에게 발표 준비를 하도록 한 후, 발표에 대하여 평가할 수 있음. 또는 평가 범위만 미리 제시하고 구술 평가를 시행하여 교사가 관련된 주제나 질문을 제시하면 학생이 답변한 것으로 평가하는 방법도 있음 • 초등학교의 경우 1분 발표, 주제 발표 등을 통해 평가함 • 발표를 잘하기 위해서는 평상시 다른 사람들 앞에서 발표하는 연습과 훈련이 되어야 함 • 이 책, p. 145 '발표하기 연습' 부분 참고
토의·토론	• 토의·토론은 특정 주제에 대해 학생들이 서로 토의하고 토론하는 것을 관찰하여 평가하는 방법 • 학생들이 사전에 준비한 자료의 다양성이나 적절성, 내용의 논리성, 상대방의 의견을 존중하는 태도, 진행 방법 등을 종합적으로 평가할 수 있음 • 토의는 다양한 의견을 제시하는 것을 말하며, 토론은 한 주제에 관하여 찬성과 반대의 의견으로 구분하여 의견을 제시하는 것으로, 초등학교에서는 토의 활동이 많고 5-6학년이 되어서야 토론 활동을 함 • 발표력이나 토론 실력은 한순간에 느는 것이 아니므로 가정에서도 주제를 정해 서로 의견을 나누거나 생각이 다를 경우 각자의 입장을 이야기할 수 있는 분위기를 만들어 평상시에 훈련이 되도록 지도

프로젝트	• 프로젝트는 특정한 연구 과제나 산출물 개발 과제 등을 수행하도록 하여 프로젝트의 전 과정과 연구보고서나 산출물 등과 같은 결과물을 종합적으로 평가하는 방법 • 결과물과 함께 계획서 작성 단계에서부터 결과물 완성 단계에 이르는 전 과정도 함께 중시하여 평가한다는 특징이 있어, 과정중심평가에 적절한 평가 방식으로 볼 수 있음 • 결과물은 PPT 등으로 발표를 하므로 컴퓨터 활용 능력이 요구되므로 방과후학교 컴퓨터 강좌를 듣게 하면 도움이 됨
실험·실습	• 실험·실습은 학생들이 직접 실험과 실습을 하고 그에 대한 과정이나 결과에 대한 보고서를 통해 실험·실습 과정을 종합적으로 평가하는 방법 • 실험·실습을 위한 기자재의 조작 능력이나 태도, 지식을 적용하는 능력, 협력적 문제 해결 능력 등에 대해서 포괄적이면서도 종합적으로 평가할 수 있음 • 과학이나 실과 교과는 단순히 이론을 암기하여 평가하기보다는 실험·실습을 중심으로 평가하므로 실험·실습 과정이나 기기를 다루는 방법에 대해서도 잘 알아야 함
포트폴리오	• 포트폴리오는 학생이 산출한 작품을 체계적으로 누적하여 수집한 작품집 혹은 서류철을 이용한 평가 방법 • 학생의 강점이나 약점, 성실성, 잠재 가능성 등을 종합적으로 파악할 수 있고, 학생의 성장 과정을 한눈에 볼 수 있어서 학생에게 유용한 피드백을 제공할 수 있음 • 일회적인 평가가 아닌, 학생 개개인의 변화와 발전 과정을 종합적으로 평가하기 위해 전체적이면서도 지속적으로 평가하는 것 • 개인별, 모둠별 포트폴리오 등이 있으며 식물 재배와 관찰일지 기록하기나, 역사 교과와 사회과에서 주로 사용함
관찰법	• 관찰법은 교사가 관찰을 통해 일련의 정보를 수집하는 측정 방법 • 어느 특정한 장면이나 상황에서 발생하는 행동 체계를 가능한 한 상세하고 정밀하게 탐구하기 위해 일화 기록법, 체크리스트, 평정 척도, 영상 촬영 후 분석 등의 방법을 활용함
자기 평가와 동료 평가	• 과정중심평가에서 두드러지는 특징 중 하나는 평가자가 교사만이 아니라 자기 자신과 동료들이 평가에 참여한다는 것 • 자기 평가: 학생 본인이 자기의 수행 활동에 대해 스스로 평가하는 것

자기 평가와 동료평가	• 동료 평가: 모둠 활동 시 불성실한 아이들이 열심히 한 아이의 노력으로 좋은 결과를 얻는 것에 대한 보완으로 모둠 활동에서나 전체 활동에서 동료들이 각 개인을 평가하면 그것이 점수에 반영됨 • 학생들이 자신의 학습 준비도, 학습 동기, 성실성, 만족도, 다른 학습자들과의 관계, 성취 수준 등에 대해 스스로 생각하고 반성할 수 있는 기회를 제공함 • 교사 혼자의 힘으로 모든 학생들을 제대로 평가하기 어렵다고 판단될 때, 동료 평가 결과와 합하여 학생의 최종 성적으로 사용한다면 교사의 주관성을 배제할 수 있을 뿐만 아니라 성적처리 방식에 대한 공정성도 높일 수 있음 • 자기 평가와 동료 평가는 1학년에서도 포스트잇 등을 활용해 평가할 수 있음

2 수행 평가 계획 안내

◉ 수행 평가 계획

• 과정중심평가는 학기 초에 '수행 평가 계획'을 안내하고 그에 따라 실시됩니다.

• 수행 평가 계획서에는 교과목에 대한 단원과 성취기준, 평가 내용, 평가 방법, 평가 시기 등이 안내되어 있으므로 그것에 맞춰 평가를 대비하면 됩니다.

• 학생들은 수행 평가 계획 내용을 염두에 두고 미리미리 준비하면 좋은 결과를 얻을 수 있습니다.

• 수행 평가 내용은 학교마다 다르고, 같은 학년이라도 교사별 과정평가제에 따라 담임선생님마다 다를 수 있습니다.

● 수행 평가 계획표(예시)

1학년 1학기 평가계획

교과	단원	성취기준	평가내용	평가방법	평가시기
국어	4. 글자를 만들어요	[2국02-01] 글자, 낱말, 문장을 소리 내어 읽는다.	• 받침 없는 글자를 만들고 소리 내어 읽기	실기,관찰	6월
	6. 받침이 있는 글자	[2국03-01] 글자를 바르게 쓴다.	• 받침이 있는 글자를 반듯하게 쓰기	실기 자기평가	7월
	9. 그림일기를 써요	[2국01-05] 말하는 이와 말의 내용에 집중하며 듣는다.	• 하루 동안 기억에 남는 일 바른자세로 듣기	관찰	7월
수학	3. 덧셈과 뺄셈	[2수01-06] 두 자리 수의 범위에서 덧셈과 뺄셈의 계산 원리를 이해하고 그 계산을 할 수 있다.	• 다양한 문제 상황에서 덧셈과 뺄셈하기	서술형	6월
	4. 비교하기	[2수03-01] 구체물의 길이, 들이, 무게, 넓이를 비교하여 각각 '길다, 짧다', '많다, 적다', '무겁다, 가볍다', '넓다, 좁다' 등을 구별하여 말할 수 있다.	• 길이를 비교한 결과를 여러 가지 비교하는 말(길다, 짧다 등)을 사용하여 표현하기	구술	7월
	5. 50까지의	[2수01-04] 하나의 수를 두 수로 분해하고 두 수를 하나의 수로 합성하는	• 10을 모으기와 가르기	관찰	7월

3 통지표

● 통지표 양식과 구성 내용

- 통지표 양식은 학교마다 다릅니다. 요즘에는 전산입력에 따라 A4종이에 출력하여 가정으로 보냅니다.
- 통지표 양식은 다르지만 통지표 구성 항목은 기본학적사항, 학기말 종합의견(또는 교과발달상황), 출결상황, 창의적 체험활동상황, 행동특성 및 종합의견으로 대부분 비슷합니다.

● 통지표 기술 내용

- 통지표 양식과 기술 방법은 학교마다, 선생님마다 조금씩 다릅니다. 초등학교의 통지표는 학업 도달정도를 3단계(잘함, 보통, 노력바람) 또는 4단계(매우잘함, 잘함, 보통, 노력바람)로 구분하여 기록하거나 성취기준 도달 정도를 문장으로 기술하는 경우도 있습니다.
- 또한 성적뿐만 아니라 출결상황과 창의적체험활동상황이나 행동특성에 대한 내용도 있습니다.

● 통지표(예시)

- 여기서는 3단계나 4단계가 아닌 문장 기술

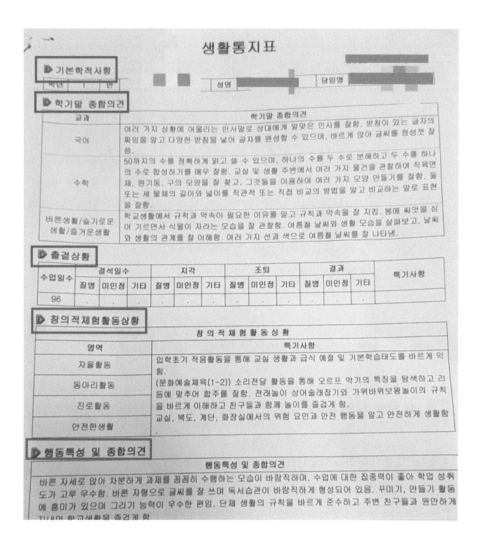

● 통지표 문구

문구 속에서 힌트 찾기

• '수우미양가'나 '석차'가 기록된 성적표에 익숙한 학부모님들은 요즘 통지표를 받으면 좋은 이야기만 써있거나 애매모호한 표현을 해석하기 어렵다고 하소연을 합니다. 학교에서는 가능하면 부정적인 내용이나 미흡한 부분을 피해서 기술하려 합니다만, 자세히 들여다보면 그 문구 속에 작은 힌트들이 있습니다.

- 비교적 학교생활을 잘하고 문제가 없는 학생인 경우에는 교과 평가나 행동 발달 상황을 '잘함', '친구들과 원만히 잘 어울리며 사교적임'과 같이 사실대로 기술합니다.
  교과수업에서 성취기준에 도달하지 못하는 학생이나 올바른 태도를 보이지 않는 학생의 경우에는 완곡하게 기술하여 통지합니다.
- 예를 들면, 수학과의 경우 '50까지의 수를 읽을 수는 있으나 세는 속도를 조금 더 빨리할 필요가 있음', 폭력적인 아이의 경우 행동 발달란에는 '자신의 감정을 앞세우기보다는 먼저 친구를 이해하고, 대화를 통해 자신의 감정을 표현하는 방법을 찾는다면 친구들과 잘 어울릴 수 있겠음'과 같이 표현합니다.
- 따라서 부정적인 표현은 좀 더 의미를 두고 살펴보고 자녀를 훈육하는 방향을 세우면 좋을 것 같습니다.

4 1학년 교육과정 학습 방법의 특징

1 손 조작 능력 학습

초등학교 1학년 아이가 학교생활에서 가장 많이 사용하는 능력은 글씨 쓰기, 오리기, 그리기, 풀칠하기, 접기 등을 할 수 있는 손 조작 능력입니다. 손으로 하는 것들을 잘하기 위해서는 소근육들이 미세하게 잘 발달되어야 하는데, 초등 1학년 아이들은 아직 그렇게까지 발달되어 있지 않으며 특히 남자 아이들은 여자 아이들에 비해 발달이 더디어 학습 활동에서도 큰 차이가 납니다. 따라서 1학년 수업을 보다 원활히 하기 위해서는 손 조작 능력을 길러 주어야 합니다.

● 손 조작 놀이의 교육적 가치

| 신체발달 증진 | >> | 인지·정서 발달 | >> | 언어발달 촉진 | >> | 문제 해결력 증진 | >> | 자기조절력 증진 |

◉ 손 조작 놀이 예시

손 조작 활동은 놀이를 통해 쉽게 할 수 있습니다. 놀이 종류로는 퍼즐, 끈 끼우기, 짝 맞추기, 바느질, 블록, 보드게임 등 매우 다양하므로 번갈아 가면서 다양하게 연습하는 것이 좋습니다.

손 조작 능력을 키워주기 위해서는 아이가 손을 최대한 많이 사용할 수 있는 기회를 주어야 하며, 다소 서툴고 위태해 보여도 안전 지도를 하면서 스스로 하게 해야 합니다.

<보드게임>

<퍼즐 맞추기>

<젓가락질>

<종이접기>

<실뜨기>

<색칠놀이>

<모양 자 따라 그리기>

<밀가루 반죽놀이>

2 놀이 학습

놀이를 통한 학습은 아동이 배우고 성장하는 데 가장 중요한 방식 중 하나입니다. 2015 개정 교육과정에서는 1-2학년의 학습에 '놀이'를 도입하여, 수업 중 많은 부분을 놀이와 함께 하도록 하였습니다. 그만큼 놀이가 주는 교육적 효과가 크기 때문입니다. 따라서 자녀가 학교에서 놀다 왔다고 해도 그것이 단순한 놀이가 아니라 놀이 학습임을 알고 계셔야 합니다.

◉ 놀이 학습의 교육적 효과

신체적 발달

- 기어오르기, 달리기, 공놀이, 땅파기, 뜀뛰기, 춤추기와 같이 대소근육을 쓰는 활동적 놀이를 통해 아동의 전반적인 건강과 신체적 성장을 이룹니다.

사회 정서적 발달

- 역할 놀이를 포함한 연극적 상상 놀이는 긍정적인 사회성 및 정서적 기술과 가치를 함양합니다.
- 다른 아동과 협동하며, 생각을 나누고, 선택과 결정을 내리는 법을 익힙니다.
- 도전과 성공의 경험으로 자신감을 키웁니다.
- 걱정스러운 감정과 사건을 연기함으로써 감정을 조절하는 방법, 충동적인 행동을 자제하는 방법, 스트레스를 줄이는 방법을 배웁니다.
- 다른 아동과 함께 노는 법을 배우면서 공감력과 공정성을 기릅니다.

인지 발달

- 아이들은 놀이를 통해 모양, 색깔, 크기, 숫자 세기, 글자 인식과 같은 개념을 익힙니다.
- 아동은 놀이를 통해 문제 해결 능력, 상상력과 창의력, 집중력, 지구력, 회복력, 사고력, 기억력, 학습력, 주의력과 같은 인지 능력이 발달하게 됩니다.
- 놀이를 통해 스스로 깨달으며 성취감을 느낍니다.

문해력 및 수리력 발달

- 놀이는 사고, 언어, 상호작용, 호기심, 탐구 등을 요구하는데, 이를 통해 다음과 같은 기술과 이해력을 키웁니다.
- 단어와 단어의 용법에 대한 이해, 듣기와 말하기 기술, 낙서, 색칠, 그리기를 통한 쓰기 능력을 기를 수 있습니다.
- 이야기 전개에 대한 이해를 통해 문자, 단어, 숫자와 같은 상징 체계의 의미를 깨닫고, 읽기, 철자법, 수리 학습의 기초를 이해하고, 이를 습득할 수 있습니다.

문제 해결력 발달

- 아이들은 놀이를 통해서 주변의 사물, 장난감 등 새로운 것에 흥미를 가지고 사물을 관찰하고 경험해보면서 자연스럽게 색깔이나 크기 등을 배우게 됩니다.
- 이러한 과정을 통해서 새로운 지적호기심이 자연스럽게 생기고 이를 채워나가면서 성장하게 됩니다.
- 현실을 놀이 속으로 끌어들여 마음껏 상상하고, 크고 작은 문제들을 나름대로 판단하고 해결하기도 합니다.
- 그래서 잘 노는 아이가 똑똑한 아이가 되는 것입니다.

삶의 법칙 배우기

- 교육학자 프뢰벨은 아이가 어른과 함께 놀이를 할 때 교육의 가장 깊은 의미라고 할 수 있는 '삶의 조화'를 깨달을 수 있다고 했습니다.
- 놀이는 인간관계를 체험하게 해주고 놀이 속에 숨어있는 삶의 법칙을 자연스럽게 터득할 수 있도록 합니다.
- 이렇게 배운 삶의 법칙들은 강의나 잔소리, 훈계보다 자연스럽게 다가오고 오래 기억된다고 합니다.

◉ 놀이에 대한 부모의 역할

- 자녀와 놀아줍니다.
- 놀이를 하면서 격려하고 칭찬해줍니다.
- 놀이에 대하여 부모가 모델이 되어야 합니다.
- 놀이에 대한 계획을 세우고, 놀이 장소, 놀이 기회, 놀이에 대한 다양한 경험을 제공해야 합니다.
- 자녀의 연령, 관심사와 특성, 능력에 맞게 놀이 체험을 계획할 수 있도록 합니다.
- 자녀를 위해 실시하는 프로그램에 대해, 그리고 자녀가 좋아하며 참여하는 활동에 대해 교사와 상담합니다.
- 지역사회에서 안전하고 흥미로운 놀이 공간을 마련하는 데 힘을 보탭니다.

● 놀이 후 정리정돈

놀이를 한 후에 가지고 놀았던 장난감이나 놀이 기구를 원래 위치에 가져다 놓고 정리정돈하는 것은 가장 기본적인 생활지도입니다. 학교에서는 학습이나 놀이 활동 등을 한 후에 각종 준비물이나 놀이 도구 등을 스스로 치워야 합니다. 따라서 스스로 정리정돈하는 습관이 되어있지 않으면 친구들에게 피해를 주거나 선생님께 꾸중을 들을 수도 있으니 평소에 가정에서 지도해 주어야 합니다.

정리정돈하는 방법을 순서, 장소 등과 같이 매뉴얼로 만들어 지도해 보세요.

- 놀이 후에는 지정된 장소나 상자에, 즉시 정리정돈하는 것을 규칙으로 세웁니다.

- 정리 장소와 정리 상자 등의 위치를 알려줍니다. 지정된 장소와 공간을 확보하는 것은 아이가 정리정돈을 할 수 있는 첫 단계이고, 반드시 아이가 알고 있어야 아무 데나 갖다 놓지 않습니다.

- 정리 상자나 장소에는 이름을 써 붙입니다. 이때, 아이와 같이 써 붙이면, 정리할 때 남이 시켜서 하는 것이라기보다는 자신의 것이라는 애착을 가지고 하게 됩니다.

놀이 후 정리정돈

- 처음 몇 번은 부모님과 함께 하면서, 정리정돈하는 방법을 습득하게 합니다.

- 스스로 정리정돈을 하게 되면 아낌없이 칭찬을 해주어, 그것이 지속되어 일상이 되도록 합니다.

- 아이의 행동이 다소 느리거나 치우는 것이 마음에 들지 않아 부모님이 먼저 하시면, 아이는 부모님을 의존하게 되어 정리정돈하는 습관을 갖지 못하게 됩니다.

3 STEAM 교육(융합 교육)

● STEAM 교육

학교에서는 제4차 산업 시대를 살아갈 아이들에게 적합한 교육방법으로 STEAM 교육을 도입하여 실시하고 있습니다. STEAM은 과학(Science), 기술(Technology), 공학(Engineering), 인문·예술(Arts), 수학(Mathematics)의 머리글자를 합하여 만든 용어로, 과학기술 분야인 STEM에 인문학적 소양과 예술적 감성 등을 고려하여 인문·예술(Arts)을 추가하여 만들어졌습니다.

한마디로 STEAM 교육은 "과학기술에 대한 학생들의 흥미와 이해를 높이고 과학기술 기반의 융합적 소양과 실생활의 문제 해결력을 배양하는 교육"으로 요즘 학교 수업에서는 단일 교과 수업이 아니라 여러 교과를 통합하여 STEAM 교육 형태로 운영되고 있습니다.

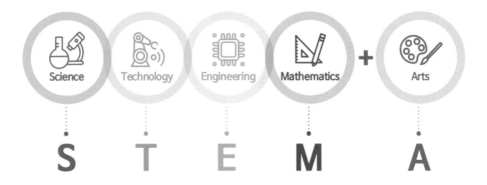

● STEAM 교육 목표

스팀(STEAM) 교육의 목표는 "과학기술에 대한 흥미와 이해를 높이고, 과학기술 기반의 융합적 사고력을 향상시키며, 문제 해결력을 함양하는 것"입니다.

과학기술에 대한 흥미 높이기는 STEAM 교육의 여러 목표 중 가장 우선입니다. 4차 산업혁명 시대에, 미래 국가경쟁력은 과학기술 인재의 역량과 직결됩니다. 따라서 과학기술을 어려운 학문으로 인식하는 학생에게 STEAM 교육을 통해 과학기술 분야에 흥미를 갖고 재미있게 즐길 수 있게 만들면, 이공계 진학생의 숫자가 늘어나고 과학기술 분야의 역량도 한층 강화될 것입니다.

STEAM 교육은 수학·과학 과목의 이론과 개념뿐만 아니라 '실생활'과의 연계성을 강조합니다. 기존 교육은 교과서에 정립된 개념을 일방적으로 전달하는 데 주력해 왔습니다. 반면에 STEAM 교육은 학생 본인과의 관련성(relevance)을 깨닫는 것이 우선입니다. 학습 내용이 사회 어느 분야에서 쓰이는지 그리고 왜 배워야 하는지를 우선 체험한 다음, 스스로 설계하고 탐구하며 실험하는 과정을 통해 실생활 속 문제 해결력을 배양하는 데 초점을 맞추는 것입니다.

● STEAM 교육 사례

과학(S)	3-2-1. 액체와 기체의 부피
수학(M)	3-2-2. 들이와 무게

액체
알아보기

액체
느끼기

액체로
표현하기

과학(S,T,E)	3-2-1. 액체와 기체의 부피
음악(A)	3-2-15. 옥수수 하모니카
체육(A)	3-2-4. 표현활동

미술 (A)	3-2-1. 수채화의 세계
창체	'나만의 기법' 만들기

앞의 그림에서 보면 과학의 '액체와 기체의 부피' 단원 수업을 수학, 음악, 체육, 미술, 창체 과목과 연계하여 수업 계획을 세우고 있습니다.

교육내용	교과 (관련)	융합교육 적용활동
액체 알아보기	과학 수학	• 생활 속의 액체 찾기 • 생활 속에서 액체의 들이를 측정하는 경우 알기 • 액체의 특성 알기
액체 느끼기	과학 음악 체육	• 액체의 느낌을 몸짓으로 즉흥표현하기 • 액체의 느낌을 멜로디언으로 표현하기 • 액체의 느낌을 이동움직임으로 표현하기 • 액체를 활용한 여가 놀이(물총)하기
액체로 표현하기	미술 창체	• '실로 그리기', '번지기', '뿌리기', '불기', '흘리기', '겹쳐 칠하기' 기법 연습하기 • '나만의 기법' 만들기 • '나만의 기법'을 활용한 작품 완성하기

출처: 한국창의과학재단

이 표에서 보면 과학수업은 수학과 연계하여 액체의 들이를 측정하고, 음악, 체육과 연계하여 몸짓으로 표현하는 신체활동과 음악교과의 멜로디언 연주활동과 융합하여 수업을 하도록 구성되어 있습니다.

초등학교 1학년에서는 통합교과에서 바른 생활과 슬기로운 생활, 즐거운 생활 교과가 서로 융합하여 스팀수업이 이루어지고 있으며, 3-6학년에서도 단독과목으로서만 수업을 하는 것이 아니라 보다 다양한 교과를 융합하여 수업을 진행하고 있습니다.

PART 5

입학 전에
연습하고
익혀야 할 것

1 안전한 생활로 나를 지켜요

1 안전한 등하교 보행길 익히기

대부분의 입학생들은 거주 지역 근처로 학교가 배정되므로 걸어서 학교를 다닙니다. 따라서 학교까지의 통학로를 미리 익혀서 안전하게 오갈 수 있도록 해야 합니다.

- **• 학교까지 혼자 찾아갈 수 있게 하기**
- 입학하기 전에 학교 가는 길을 알려주고, 아이 스스로 길을 찾을 수 있는지 확인해야 합니다.
- 평상시에 길을 잘 알더라도 긴장하면 예전에 알던 길이 낯설어 보일 수 있으니 반복하여 연습합니다.
- 등하굣길에 주요 표지판을 기억하게 하여 이정표가 될 수 있도록 지도합니다.

- **• 횡단보도 건너는 방법 알려주기**
- 등굣길에 횡단보도가 있을 경우 학교 근처에는 녹색어머님들이 계셔서 차량통제를 해주시지만, 그렇지 않을 경우 혼자 건너야 하므로 횡단보도 건너는 법을 알고 있어야 합니다.
- 횡단보도 뒤쪽에 안전하게 서 있기
- 초록불로 바뀐 뒤 셋까지 세고 건너기
- 횡단보도에서 뛰어가지 않기 등

- **• 학교 가는 길을 잃어버렸을 경우**
- 주변의 학생에게 물어 같은 학교인지 확인한 후 따라 갑니다.
- 길을 잘 모를 경우 그 자리에 가만히 서 있으라고 한 후 부모님이나 이웃 지인이 데려다 줍니다.
- '등교안심' 신청을 해 등하교 시 어르신들이 도와주는 제도를 활용할 수 있습니다.

- **• 하교 후 부모님과 만나기로 한 경우**
- 하교 후 자녀와 만나기로 한 경우 약속 장소를 구체적으로 정해서 알려주어야 합니다. (가령, 후문 보안관실 옆 또는 정문 문방구 앞, 학교 앞 비둘기공원 정글짐 앞 등)
- 만일 어긋나면 보안관실 앞에서 기다리기로 약속합니다.

● 승용차를 이용할 경우

등교 시 승용차로 학교 앞에 내려주다 보면 정문 앞이 차들로 복잡해져 다른 아이들의 등교에 방해가 되거나 사고를 일으킬 수 있으므로, 학교 앞에서 100m 이상 떨어진 곳에서 내려주어야 합니다.

● 횡단보도 보행 안전 수칙(안전 횡단 5원칙)

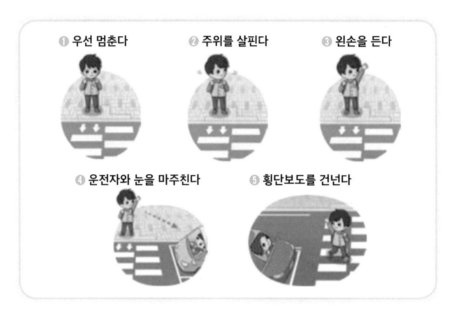

출처: 학교안전정보센터

2 낯선 사람 조심하기

학교를 다니면서 활동 범위가 넓어지면 만나는 사람들도 많아집니다. 주변에 낯선 사람이 나타나면 어떻게 해야 하는지 알려주어야 합니다.

◉ 유괴범들의 유인 방법 알려주기

유괴범들의 유인 방법 예시

길을 알려달라며 함께 가자고 한다.

선물을 주면서 자동차에는 더 많다며 같이 가자고 한다.

혼자 집에 있는데, 누가 찾아와 문을 열어달라고 한다.

용돈을 주면서 부모님께는 비밀이라고 한다.

부모님이 사고가 났다면서 빨리 병원에 같이 가자고 한다.

새로운 게임이 있다며 집에 가서 같이 하자고 한다.

출처: (초등1,2학년)학교안전교육 7대 표준안-생활안전

3 부모님의 휴대폰 전화번호 기억하게 하기

등하교 시간에 예상치 못한 일이 생겼을 경우 부모님한테 연락할 수 있도록 부모님의 휴대폰 번호를 반드시 외우도록 합니다.

◉ 유인 상황 시 대처 방안 알려주기

유인 상황 시 아이가 할 수 있는 즉각적인 대처 방법

▶ 낯선 사람이 끌고 가려고 하면 "도와주세요"라고 크게 외친다.
▶ 낯선 사람이 이름과 전화번호를 물어보면 "잘 모른다"고 대답한다.
▶ 낯선 차량이 가까이 다가와 멈추면 빨리 그 자리를 피한다.
▶ 휴대전화나 공중전화의 긴급 버튼을 눌러 112에 신고한다.

4 나 홀로 집에 안전하게

집에 혼자 있을 때의 안전한 행동

▶ 혼자 집에 들어갈 때는 지켜보는 사람이 없을 때 빨리 들어가서 문을 잠근다.

▶ 집에 들어가면 부모님께 전화하여 집에 왔다는 사실을 알린다.

▶ 가족이 아닌 사람은 문을 열어 주지 않는다.

▶ 초인종이 울려도 대답하지 않거나, 어른이 계신 것처럼 이야기한다.

▶ 아는 사람이라도 부모님의 허락 없이 찾아온 사람이라면 낯선 사람임을 알게 하고 응대하거나 문을 열어 주지 않도록 한다.

▶ 궁금하다고 해서 창문으로 누군지 확인하지 않는다.

▶ 비상 연락 전화번호를 전화기 옆에 붙여 둔다.

▶ 위급 상황이 발생하면 이웃이나 부모님께 알린다.

▶ 사안 발생 시 112에 전화를 걸어 침착하게 이름과 주소를 밝히고, 어떤 일이 생겼는지 설명한다.

출처: 보건복지부, 혼자 있어도 무섭지 않아요(중앙아동보호전문기관 제작자료)

2 학교생활을 위한 학교규칙 알기

등교 시	• 실내에서는 실내화로 갈아 신기 • 선생님, 친구들과 인사 나누기 • 공부시간에 배울 책을 정리한 후 아침활동하기
수업 시간	• 친구와 장난을 치거나 떠들지 않기 • 선생님 말씀에 귀 기울여 열심히 공부하기 • 선생님 말씀과 친구의 발표를 바른 태도로 듣기
쉬는 시간	• 화장실은 꼭 쉬는 시간에 다녀오기 • 다음 시간에 배울 교과서나 준비물 준비하기 • 수업시작 종이 울리기 전에 교실로 들어오기
복도 및 계단	• 복도와 계단에서는 오른쪽으로 사뿐사뿐 걷기 • 안전을 위하여 계단을 한 칸씩 오르고 내리기 • 계단 난간에서 미끄럼을 타거나 위험한 놀이하지 않기

화장실	• 차례를 지키며 한 사람씩 들어가기
	• 용변을 본 후 휴지는 변기에 버리고 옷 바르게 입기
	• 손을 깨끗하게 씻기
	  - 공용화장실에 대한 예절(차례 지키기, 노크하기, 물 내리기) 알기
	  - 휴지를 사용해 뒤처리를 할 수 있도록 방법 알기

운동장	• 조회대, 구석진 곳, 주차장 주변에서 놀지 않기 • 놀이기구를 이용할 때 차례 지키기 • 놀이기구는 안전하게 이용하기
하교 시	• 수업을 마치고 바로 집(또는 돌봄교실)으로 가기 • 낯선 사람과 함부로 이야기하거나 따라가지 않기
교실에서	• 가방, 실내화, 학용품, 겉옷 등 자기 물건은 스스로 챙기기 • 교실에 있는 여러 가지 물건을 이용한 후 제자리에 정리하기 • 다른 친구들과 함께하는 시간에는 질서를 지키고 주변을 깨끗하게 정리하기
급식	• 편식하지 않고 골고루 먹기 • 편식 습관이나 알레르기가 있을 경우 담임 선생님에게 미리 알리기 • 정해진 시간에 자리에 앉아서 식사를 하기

3 입학 전 바른 생활 습관 기르기

1 바른 생활 습관 기르기

좋은 습관

- 일찍 자고 일찍 일어나기
- 자기 물건 스스로 정리하기
- 혼자서 씻고 옷 입기
- 혼자 화장실 가는 습관 기르기
- 음식 골고루 먹기
- 자기 의사 표현하기
- 식사 후 이 닦기
- 편식하지 않기
- 젓가락질 연습하기
- 혼자서 우유팩 열어 마시기
- 책상 및 주변 정리정돈하기
- 외투를 옷걸이에 걸거나 예쁘게 개서 놓기

공동 생활

- 다른 사람에 대한 예절 지키기
- 질서 규칙 지키기
- 공동의 물건은 소중하게 다루기
- 타인(친구)을 배려하는 말과 행동하기
- 식사 후 자기가 먹은 그릇 정리하기
- 이웃이나 친구 등을 만나면 먼저 인사하기
- 장난감이나 읽고 난 책은 제자리에 놓기

안전 생활

- 안전한 등하굣길로 가기
- 차례 지키기
- 위험한 사람 따라가지 않기
- 음식 알레르기에 대해 선생님께 미리 말하기

디지털 미디어 활용 태도	• 온라인 예절 지키기 • 약속 시간만큼 하기 • 수시로 눈 운동과 스트레칭하기

2 그림책을 활용한 생활지도

▶ 그림책과 생활지도

생활지도를 말로 하다 보면 잔소리가 되어 자녀와 갈등이 쌓이는 경우가 많습니다. 이럴 때는 그림책 등을 활용하여 생활지도를 해보시면 어떨까요?

『행복한 꼬마 괴물』
- 이 책은 관계의 중요성에 대해 알아갑니다.
- 관계가 우리의 삶에 미치는 영향을 알게 됩니다.
  - 다투고, 울고, 다시 화해하고 활짝 웃는 꼬마 괴물 이야기
  - 친구의 소중함을 알고 좋은 친구가 되도록 노력하기

『무지개 물고기』
- 나눔의 중요성에 대해 알 수 있는 책입니다.
  - 나눔을 주고받는 방법 알고 진실한 마음으로 나눔 실천하기
- 초등학교에 입학해서 친구들과 가장 많이 다투는 이유가 나누지 않고 자기 것만 주장하기 때문에 이 책을 읽혀주면 좋습니다.

『숨지마! 텀포드: 우린 널 사랑해』
- 사과하기의 중요성을 알아갑니다.
  - 사과하는 방법 알기
- 용서하기의 중요성을 알 수 있습니다.
  - 용서를 하는 방법을 알고 실천하기
  - 진심을 담아 사과하고 용서하기

『게임하고 싶어!』

- 숙제는 이따가, 책 읽기도 나중에! 하루 종일 게임만 하고 싶은 그린이의 속마음을 알아봅니다.
- 그린이의 게임 습관을 고쳐 주려던 아빠와 게임에 관심 없던 미르마저 게임에 빠지고 결국 화가 난 엄마는 온 가족 게임 금지령을 내립니다.
- 그린이는 왜 자꾸 게임만 하고 싶어 하는 걸까요? 엄마와 아빠는 게임을 왜 못하게 할까요?

『이상한 엄마』

- 지친 엄마들과 아이들에게 위로와 격려를 주는 책입니다.
- 갑자기 아이가 아픈데 일터에서 빠져나올 수는 없고 아이를 돌봐 줄 사람도 찾기 힘든 최악의 상황이 벌어져도, 적절한 도움을 얻기란 결코 쉬운 일이 아닙니다.
- 그런 현실 속 어려움을 잘 알기에, 저자는 엄마들이 이 책을 통해 커다란 위안을 얻을 수 있도록 구성했습니다.

『겁쟁이 빌리』

- 빌리는 걱정이 많고 소심한 아이입니다.
- 누구에게나 걱정과 두려움이 있음을 알고 안심시키는 책입니다.
- 스스로 극복하기 위한 노력을 시도할 계기를 줄 수 있습니다.

『걱정이 너무 많아』

- "모른 척, 괜찮은 척 애써 보아도 걱정이 계속 생각나…"
- 걱정쟁이 그린이의 걱정 탈출기
- '걱정'과 '걱정을 대하는 방법'을 통해 오늘도 부딪히고 배우면서 성장하는 우리 모두의 이야기입니다.

『친구 사귀기』
• 초등학교라는 새로운 사회에 첫발을 내디딘 아이들은 새로운 친구를 사귀는 일 또한 두렵고도 설레는 일입니다.
• 하지만 아이들은 저마다의 방법으로 문제들을 하나씩 해결해 나갑니다.

 학습 습관, 태도 익히기

초등학교 1학년에 형성된 공부에 대한 정체성은 학교를 다니는 12년 동안 매우 중요한 영향을 미칩니다. 따라서 초등학교 1학년 때의 공부 습관과 태도는 매우 중요합니다.

1 바람직한 1학년 공부 습관

과제를 끝까지
해결하는 습관

학습 시간을 정해
책상에 앉는 습관

매일 하는
규칙적인 습관
(독서, 운동, 피아노
치기 등)

2 긍정적인 학습 태도 만들기

1학년에 입학하면 부모님들께서는 학습에 대한 조바심이 생겨 학원을 알아본다든지, 문제집을 집중적으로 풀어보게 하여 아이들이 공부란 '지겹고, 힘든 것'이라는 생각을 하게 됩니다. 그런 생각이 굳어지면 학교는 재미없는 곳, 공부는 시험을 보기 위해서 하는 것이라는 부정적인 생각을 하게 됩니다.

따라서 공부란 내가 모르는 것을 알게 되어 너무 재미있고 신나는 것이라는 긍정적인 생각을 할 수 있도록 분위기를 만들어 주어야 합니다.

01 일정한 시간에 학습하는 습관을 기르도록 돕기

02 과도한 선행학습으로 학습의 흥미 잃지 않도록 하기

03 학습에 관심과 흥미를 가지도록 다양한 경험과 동기를 만들어 돕기

04 기본 학습 역량을 기르도록 학습량과 수준의 적절성 유지하기

5 건강한 몸 관리하기

1 취학 전 예방접종

만 12세 이하 어린이의 국가예방접종은 무료로 시행되고 있습니다. 취학 아동은 입학 전, 아래 4종의 예방접종을 하였는지 확인해야 합니다. 접종을 하지 않았으면 가까운 의료기관이나 보건소에 가서 빠짐없이 접종을 해야 하고, 만일 접종은 했으나 전산등록이 되지 않은 경우에는 접종받았던 의료기관에 전산요청을 해야 합니다.

● 입학 전 꼭 해야 할 예방접종

종류	접종연령	비고
DTaP 5차	만 4세-만 6세	디프테리아, 파상풍, 백일해
폴리오 4차	만 4세-만 6세	소아마비
MMR 2차	만 4세-만 6세	홍역, 유행성이하선염, 풍진
일본뇌염 사백신 4차 (생백신 2차)	만 4세-만 6세	

◉ 예방접종 확인을 위한 안내

▶ 예방접종 완료 여부는 인터넷, 모바일, 예방접종을 받은 의료기관이나 보건소 또는 129(보건복지콜센터)에서 확인 가능

▶ 모바일과 '민원24' 이용 시에는 인터넷 예방접종도우미(http:/nip.cdc.go.kr) 사이트 회원 가입이 필요

▶ 예방접종도우미 내 '자녀 예방접종 관리' → [아이 예방접종 내역조회]

▶ 모바일 '질병관리본부 예방접종도우미' 앱 → [아기수첩]

▶ '정부민원포털 민원24'(http://www.minwon.go.kr) → [예방접종 증명서] 무료로 발급

◉ 취학 전 건강 체크

▶ 시력은 학습 집중도와 깊은 관련이 있으므로 검사를 통해 굴절이상, 약시, 사시 등을 조기에 발견하여 적절한 치료를 받는 것이 중요합니다.

▶ 유치의 상태가 좋지 않으면 영구치의 발육에 영향을 미치므로 치과에서 치아 발육 점검을 받고 하루 세 번 양치질하는 습관을 기릅니다.

2 취학 후 건강 관리

신학기 증후군

• '신학기 증후군'이란 새 학기를 맞아 새로운 환경에 적응하는 과정에서 긴장과 스트레스를 느끼는 증세를 말합니다.

• 특히 초등학교 1학년 시기에 많이 발생하는데, 가장 흔한 증상은 변비와 충치입니다. 복통과 두통, 수면장애를 동반하기도 하고 소변을 지나치게 자주 보거나 가슴 답답함을 호소하기도 합니다.

• 신학기 증후군을 일시적인 증상으로, 방치하면 아이의 스트레스가 높아져 호르몬 분비의 불균형으로 이어질 수 있습니다. 호르몬 분비에 이상이 생기면 성장 발육에 좋지 않은 영향을 미치고 불면증과 틱 장애, ADHD(주의력결핍과잉행동장애) 등으로 악화될 수 있고 심리적인 위축은 학업 성적을 저하시키기도 합니다.

- 건강보험심사평가원에 따르면 우리나라 0-9세 이하 소아·아동 인구 중 30%가 소아 변비를 앓고 있는 것으로 나타나는데, 소아 변비는 환경 변화로 인한 스트레스가 가장 큰 원인이라 합니다.
- 소아 변비를 예방하기 위해서는 장 관리를 통해 유익균을 증식시키고 유해균을 억제하면서 건강한 장 환경을 만드는 것이 중요합니다.
- 규칙적으로 배변하는 습관을 길러주고 공공 화장실 사용법에 대해 알려주어야 합니다.
- 변비 개선을 위해서는 패스트푸드 섭취를 줄이고 육류를 먹을 때는 채소를 함께 섭취해야 합니다.
- 특히 초등 1학년은 화장실 가는 것에 두려움을 느끼는 시기이므로 수업 도중 화장실에 가고 싶다면 담임교사에게 이야기하도록 의사표현하는 훈련이 필요하며 쉽게 용변을 볼 수 있게 입고 벗기 편한 옷을 입혀주는 것이 좋습니다.

충치 관리

- 초등학교에 입학하는 나이는 유치가 영구치로 교체되는 시기입니다.
- 학교에서 급식을 먹고 양치하는 습관이 제대로 갖춰지지 않으면 치아건강에 이상이 생깁니다.
- 아이에게 치아 관리가 잘못되면 어떤 문제가 발생하는지 이해하기 쉽게 설명하고 올바른 양치 습관을 기를 수 있도록 지도해야 합니다.

<치아 건강을 위한 초등학생 생활수칙>

1) 칫솔질을 스스로 올바르게 하는 습관을 길러줍니다.
2) 충치가 가장 많이 발생하는 곳은 어금니의 씹는 면에 있는 울퉁불퉁한 골이므로 어금니 부분을 꼼꼼히 닦도록 지도합니다.
3) 학교에서 급식 먹은 후에 이를 닦는 것을 습관화하도록 양치도구를 사물함에 비치해둡니다.

바르게 앉는 자세

- 초등학생 중에 척추측만증이 생기는 아이들이 많습니다. 이는 바르지 못한 자세로 오랫동안 앉아있던 습관으로 생기는 것입니다.
- 바른 자세는 등을 바로 세운 채 가슴을 펴고 앉는 것으로 의식적으로 등에 힘을 줘 가슴이 바로 펴지도록 해야 합니다.
- 가정에서는 아이의 앉아 있는 자세가 나빠지지 않도록 쿠션 등을 사용해 척추를 자연스럽게 받쳐주고 책상과 의자, 모니터의 높이도 조절해 주어야 합니다. 책상이 높으면 어깨근육에 부담을 주고, 모니터의 높이가 눈높이와 맞지 않으면 자세가 나빠지게 됩니다.
- 마른 아이들 중에는 학교의 딱딱한 의자에 앉아 있는 것이 몹시 힘든 경우가 있으니 방석을 준비해주시면 도움이 됩니다.

거북목

- 의자에 앉아 모니터를 장시간 응시하는 자세는 목과 어깨, 등 근육에 부담을 줍니다.
- 장기간 화면을 응시하면 상체를 세우는 근육의 힘이 떨어지면 상체가 움츠러들고 어깨가 낮아지고 목이 앞으로 빠지는 자세가 됩니다. 이 자세를 오래 취하면 목뼈가 머리의 무게를 자연스럽게 받쳐주지 못하기 때문에 어깨와 목에 경직이 오고 근육이 긴장하면서 두통도 유발됩니다.
- 반복될수록 상태는 고착되어 거북목증후군이 나타날 수 있습니다.

눈 건강 챙기기

- 학교에 다니게 되면 활자나 모니터 등을 많이 보게 되므로 시력에 신경을 써야 합니다.
- 1학년 때 시력 검사를 하면 눈이 나빠서 그제서야 안경을 쓰는 경우가 많습니다. 미리미리 검사를 해보시고 조치를 취해 주셔야 합니다.
- 성장기의 아이들은 안구의 크기도 함께 커지기 때문에 시력이 빠르게 나빠지는 경우가 많습니다.
- 수업환경은 안구의 초점거리 조절 능력에 부담을 주고 눈을 건조하게 하는 등 피로함을 증가시킵니다.
- 또한 컴퓨터 모니터 화면에 표시되는 글자가 작은 경향이 있어 눈의 피로도가 클 수 있으므로, 가능하면 글씨와 그림을 크게 표시하도록 하여 가독성을 높이는 것도 방법입니다.
- 눈에 피로가 쌓이지 않게 쉬는 시간 동안 먼 곳을 자주 봐야 합니다.

입학 후 한 달 건강 관리

- 입학 후 추운 3월에 긴장하며 학교를 다니다 보면 감기 몸살에 걸려 결석을 하는 아이들이 많이 생깁니다.
- 입학 후 한 달 동안은 주말마다 외출이나 장거리 여행 대신 집에서 푹 쉬게 해야 합니다.

혼자 약 먹기

- 초등학교에 입학하면 대부분을 혼자 해야 합니다.
- 약을 11시에 먹어야 한다면 아이가 시간을 지켜 약을 챙겨 먹을 수 있도록 포스트잇에 '약 먹기'를 메모해서 잊지 않고 먹게 훈련을 해야 합니다.
- 학교에서 선생님은 아이들에게 일일이 약을 먹일 수 있는 상황이 되지 않을 뿐더러, 한 명이라도 먹이다 보면 그것을 본 아이들이 약을 가져와 먹여달라고 하여 곤란한 상황이 생깁니다.

건강검진

- 초등학교에서는 1학년과 4학년 아이들에게 무료로 건강검진을 실시합니다.
- 검진 기관은 학교운영위원회에서 지정한 병원이고, 지정한 기간 중에 실시하여야 합니다.
- 결과는 검진 기관에서 학교로 발송하므로 학생보관용 결과서는 가정에서 보관하면 됩니다.

▶ **검진 대상**

1학년, 4학년

▶ **검진 항목**

일반건강검진	신장, 체중, 혈압, 청력, 색각, 시력, 구강검진, 소변검사, 혈액검사 등
치과검진	부정교합, 충치, 구내염 등

▶ **검진 방법**

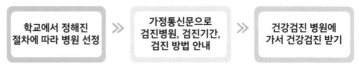

학교에서 정해진 절차에 따라 병원 선정 ≫ 가정통신문으로 검진병원, 검진기간, 검진 방법 안내 ≫ 건강검진 병원에 가서 건강검진 받기

▶ **검진 결과**

- 검진 기관에서 가정과 학교로 검진 결과 통보, 결과 이상자 재검사 안내
- 학생 건강 관리 참고자료로 활용

6 한글 익히기

1 취학 전 한글 해득의 문제

초등학교 입학 전에 대부분 한글 선행학습을 하는 것이 일반화되어 있으나 2015 개정 교육과정 이후로는 학교에서 한글을 배우도록 하였습니다. 이는 시각, 청각, 언어, 개념 등이 통합되어 충분히 활동하기 위해서는 7세가 되었을 때 한글 학습을 하는 것이 가장 적기이므로 학교에 와서 한글을 배우자는 취지였습니다. 그래서 한글을 배우는 시간을 기존의 27시간에서 68시간으로 늘려 지도를 할 수 있게 하였습니다.

그러나 독일의 경우 6개월 동안 모국어 공부를 하는 데 비해 우리는 68시간을 배정해 놓았으니 충분하다고 볼 수 없습니다. 따라서 이미 선행으로 한글을 충분히 익혀 온 아이와 처음 배우는 아이들 간의 격차가 클 수밖에 없습니다. 따라서 아이들의 학습부진은 한글 해득부터 시작된다고 해도 과언이 아닙니다.

2 한글 해득 방법

한글 지도에는 크게 두 가지 방법이 있습니다.

한글 지도 방법	**총체적 언어학습법** • 통글자를 배우는 방법(기계적 암기 중심의 문자 지도 방법) • 반복적으로 눈에 익히는 경험을 위해 통글자 학습을 진행합니다. **발음중심교육법** • 글자의 모양과 소리를 연결하는 체계적인 원리 학습법(자음과 모음을 지도하고, 자음과 모음의 조합을 지도하는 방법) • 글자와 소리가 연결되는 원리를 익힘으로써 이해력이 좋은 아이에게 효과적인 문자 지도 방법입니다.

총체적 언어학습법(Whole Language Approach)

- 가장 친숙한 낱말부터 가르치기

  자기 자신과 가까운 통 글자 낱말을 가르칩니다(신체 각 부분인 눈, 코, 입, 배, 가족의 호칭, 이름 등).

- 그 낱말이 사용되는 맥락을 함께 가르치기

  신체의 각 부분을 직접 짚어가면서 배우거나 그림을 그려가면서 가르칩니다.

  소꿉놀이나 기타 역할 놀이를 하면서 사용되는 맥락을 자연스럽게 연결 지어 가르칩니다.

발음중심교육법(Phonics Instruction

- 소리가 나는 원리를 강조

  - 글자 소리가 왜 그렇게 나는가를 체계적으로 설명하며 가르치는 방법입니다.

  - 자음과 모음의 생성 원리와 구강 내 혀의 모양을 함께 알려주며 지도합니다.

  - 자음과 모음이 조합하여 하나의 소리를 이루는 원리를 발성 기관과 함께 연결 지어 지도합니다.

- 이해력은 좋으나 암기능력이 부족한 아이에게 적합

3 초등학교에서 한글 지도 과정

다음의 그림은 초등학교에서 한글 지도 시 사용하는 『찬찬한글』의 한글 교육 지도 과정
입니다. 이 과정은 발음중심교육법에 의거하지만 통낱말 지도 방법도 삽입하여 총체적 언어
학습법도 병행하고 있습니다.

이 책은 모음부터 지도해서 자음, 받침 없는 단어 읽기, 복잡한 모음, 복잡한 모음 단어
읽기, 대표받침, 대표받침 단어 읽기, 복잡한 받침, 복잡한 받침 단어 읽기, 최종평가로 구성
되어 있습니다. 한글 지도 시 참고하시면 좋을 것입니다.

천천히 차근차근

4 읽기 단계에 따른 한글 지도

그림을 보면 읽기 특성에 따른 읽는 방법으로 다섯 가지 필수 기술이 있는데, 음운 인식, 음소 해독, 유창성, 어휘, 내용 이해에 대한 지도입니다.

소리를 인식하고 그 소리에 해당하는 글자들을 읽을 수 있으며, 낱말 어휘를 확장하고, 읽은 내용을 이해하는 과정이 읽기 과정입니다.

따라서 단순히 한글을 소리대로 읽는 단계를 넘어서 적당한 자리에서 띄어 읽고, 읽은 내용을 이해하는 단계까지 종합적으로 지도하여야 합니다.

7 수 세기

초등 1학년 수학이라고 하면 덧셈, 뺄셈을 먼저 생각하는데, 사실은 이러한 연산 셈보다 철저히 준비해야 하는 것이 바로 '수 세기'입니다.

● 수 세기 방법

다음 수 세기	• 수 세기 능력을 확인할 수 있는 방법으로 "내가 부르는 수 다음을 세는 거야. 73."과 같이 물어보면 아이들이 어느 정도 수를 셀 수 있는지 쉽게 알 수 있습니다.
뛰어 세기	• 2씩 뛰기: 2, 4, 6, 8, 10, 12, 14, 16, 18, 20, 22, 24... • 3씩 뛰기: 3, 6, 9, 12, 15, 18, 21, 24... • 특정 지점에서 2씩 뛰기: 66, 68, 70, 72, 74... • 특정 지점에서 4씩 뛰기: 56, 60, 64, 68...

페이지 찾기 게임	• 아이에게 책 한 권을 주고 100페이지 이내의 페이지를 불러서 빨리 찾도록 하는 게임입니다.
수 세기만 잘하면 곱셈과 나눗셈도	• 2씩 뛰기, 혹은 3씩 뛰기 활용하면 2단, 3단 구구단이 됨 • 묶음 혹은 쌍으로 있는 주위 물건들 찾기(신발, 자동차 바퀴, 마트에서 묶음으로 파는 물건 등)

출처: 안승철, [수포자 방지 프로젝트] 초등 1학년 수학의 시작: 수 세기(2019)

◉ 보드게임을 이용한 숫자 공부

• 할리갈리는 저학년 아이들이 제일 좋아하는 게임입니다.
• 카드를 뒤집어서 같은 모양이 5개가 나오면 종을 치고 밑에 깔린 카드를 전부 가져오는 게임입니다.
• 순발력과 함께 숫자를 5까지 조합하는 훈련을 흥미롭게 할 수 있습니다.

• 다빈치 코드 게임은 0-11까지의 수를 활용한 게임입니다.
• 그림에서 보듯이 왼쪽에서 오른쪽으로 큰 숫자를 상대방이 보지 못하도록 놓고 상대가 숫자를 맞추는 게임입니다.
• 0에서 11까지 숫자의 크기를 배울 수 있으며, 중간에 빠진 숫자들을 이용하여 옆의 칸 숫자를 짐작할 수 있어서 숫자의 크기를 재미있게 배울 수 있습니다.

- 로보 77은 77까지의 숫자를 더하기, 빼기 등과 함께 자연스럽게 익힐 수 있는 게임입니다.
- 앞사람이 낸 카드에 내가 낼 카드의 숫자를 더하거나 빼면서 계산하여 답을 말하며 카드를 내려놓습니다.
- 숫자 77에 걸리면 지므로 덧셈과 뺄셈 등을 잘 응용하여 77을 피해 가는 게임입니다.

8 독서 습관 익히기

초등학교 1학년 아이들에게 독서 지도는, 책 읽기가 재미있다는 생각을 심어주는 것이 포인트입니다. 또한 다양한 분야의 책을 읽게 하고, 꼼꼼히 읽는 습관을 길러주어야 합니다.

1 독서와 뇌 과학

난독증을 앓고 있는 아들을 둔 어머니이기도 한 울프 교수는 『책 읽는 뇌』에서 최신 뇌 과학의 성과를 바탕으로 독서와 뇌의 관계를 규명했습니다.

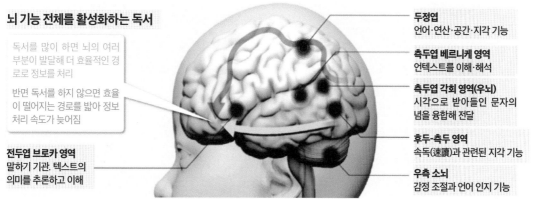

뇌 기능 전체를 활성화하는 독서

독서를 많이 하면 뇌의 여러 부분이 발달해 더 효율적인 경로로 정보를 처리

반면 독서를 하지 않으면 효율이 떨어지는 경로를 밟아 정보 처리 속도가 늦어짐

전두엽 브로카 영역
말하기 기관. 텍스트의 의미를 추론하고 이해

두정엽
언어·연산·공간·지각 기능

측두엽 베르니케 영역
언텍스트를 이해·해석

측두엽 각회 영역(우뇌)
시각으로 받아들인 문자의 념을 융합해 전달

후두-측두 영역
속독(速讀)과 관련된 지각 기능

우측 소뇌
감정 조절과 언어 인지 기능

출처: 매리언 울프(Maryanne Wolf), 책 읽는 뇌(2007)

독서와 뇌 기능

- 울프 교수는 '원래 서로 다른 일을 하도록 설계된 뇌의 여러 부분이 같이 진화해 점점 빠른 속도로 상호작용하는 법을 배운다'며 독서는 기능이 다른 뇌들이 서로 작용하여 두뇌를 좋아지게 한다고 말했습니다.
- 후두엽: 책을 읽는 눈에 들어오는 시각 정보를 처리
- 측두엽: 언어 이해에 필수적(양쪽 다 참여하지만 좌뇌가 더 활발한 편)
- 좌뇌의 전두엽: 기억력·사고력 등 인간의 고등 행동을 관장

독서와 사회적 성공

- 책을 많이 읽는 아이는 사회적으로 성공 확률이 높다고 합니다.
- 다독(多讀)을 하면 독해력, 기억력, 추론 능력, 창의력 등이 복합적으로 발달하는데 이는 직장에서 두각을 나타내는 데 필수적인 능력이라고 합니다.
- 책을 읽는 것이 곧 성장기 아이들의 지능을 좌우하고, 어른이 됐을 때 성공하는 데 영향을 준다고 합니다.

독서와 창의력

- 독서가 국어 등 특정 과목에만 도움이 되는 것은 아니며, 과학, 수학 등 모든 과목에서 뛰어난 성취를 이루는 데 도움을 준다고 강조합니다.
- 가령, 책을 읽으면 시청각을 통해 수집되는 낮은 수준의 감각 정보와 언어 정보를 통합하는 기능이 발달하게 되며, 더 높은 수준으로 가면 읽은 내용을 분석적으로 사고하고, 추론하고 비판하게 된다고 합니다.
- 그는 '이런 정보 조합이 0.03-0.04초에 한 번씩 일어나 통찰력과 창의력이 함께 발달하게 된다'고 말했습니다.

독서 습관 실패 시

- 독서 습관을 들이는 데 실패한 학생들은 다른 사람에게 자신의 의견을 피력하거나 남의 상황을 공감하고 이해하는 능력도 점차 떨어지게 된다고 주장합니다.
- 독서를 하지 않는 사회는 인간의 능력이 점점 퇴화하게 된다고 합니다.

그밖에 독서 효과

- 스트레스 해소, 우울증 개선 효과
- 공감과 이해 능력 향상
- 어휘력 향상
- 문해력, 글쓰기 능력 신장
- 문제 해결력 증진
- 폭넓은 지식 습득

2 독서록 쓰는 방법

독서록을 쓰는 방법은 매우 다양합니다. 1학년 때는 아직 한글을 원활하게 사용하기 어렵기 때문에 짧은 글이나 그림 등을 활용하여 독서록을 작성하면 좋습니다.

- 줄거리 위주로 쓰기
- 미술(음악) 작품 감상 독서록
- 그림(만화) 독서록
- 마인드맵 독서록(비주얼 싱킹 독서록)
  - 아래 그림 참고
- 독서 퀴즈 독서록
- 서평 독서록

- 뒷이야기를 상상해서 쓰기
- 주인공이나 작가에게 글 쓰기
- 시 독서록
- 인터뷰 독서록
- 광고(책표지 만들기, 책 내용 활용 등) 독서록
- 좋은 글 독서록

● 마인드맵을 이용한 독서록

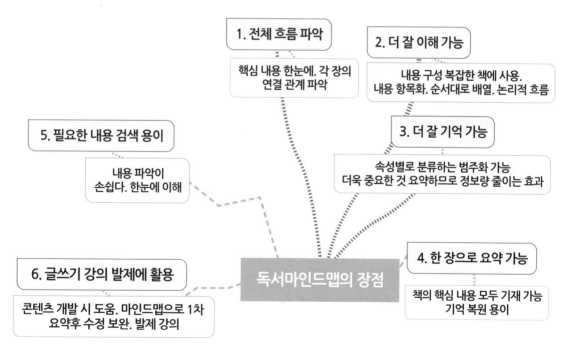

◉ 다양한 독후 활동

입으로 하는 독후 활동	북 토크 | 질문하기 | 끝말잇기
손으로 하는 독후 활동	독서 기록장 | 편지 쓰기 | 베껴 쓰기 | 동시 쓰기 | 그림으로 표현하기 | 책 광고하기 | 마인드맵
눈으로 하는 독후 활동	영화 감상하기 | 뮤지컬 관람하기
귀로 하는 독후 활동	다섯 고개 놀이 | 녹음해서 듣기 | 음악 감상하기
몸으로 하는 독후 활동	책과 실생활 연결하기 | 몸짓으로 표현하기 | 미니북 만들기 | 등장인물 캐릭터 만들기

출처: 송재환, 초등 1학년 공부, 책 읽기가 전부다, 위즈덤하우스

◉ 독서 습관을 위한 Tip

- 자녀와 서점이나 도서관 나들이하기
- 부모가 책 읽는 모습 보여주기
- 부모와 자녀가 같이 책 읽기(소리 내어 읽어주기, 나눠 읽기 등)
- 책 읽고 책에 대한 이야기 나누기 또는 독후 활동 하기

3 소리 내어 읽기

흔히 책을 소리 내어 읽어주는 것은 한글을 깨치기 전까지만이라고 생각하곤 하는데, 소리 내어 읽기는 단순히 책의 내용을 전달해주는 차원의 읽기를 넘어서 다음과 같은 특별한 효과들이 있습니다.

기억력을 높여주는 소리 내어 읽기

- 책 내용을 빨리 외우고, 오래 기억하기 위해서는 눈으로 글자를 읽는 것과 동시에 귀로 발음을 인식해야 합니다.
- 캐나다 워털루대 콜린 매클라우드 교수는 95명을 대상으로 소리 없이 읽기, 남이 읽어주는 것 듣기, 자신이 읽고 녹음해 듣기, 직접 소리 내어 읽기로 나눠 실험한 결과 소리 내 읽었을 때 무려 10% 이상 기억력이 높았다고 합니다.

문장력을 높여주는 소리 내어 읽기

- 독서는 단순히 글자를 읽는 것이 아니라 의미를 생각하며 읽는 것인데, 소리 내어 읽으면 눈으로만 읽을 때와 달리 문장에 어색한 낱말은 없는지, 문장의 구조에 오류는 없는지 깨닫게 됩니다.
- 이런 것이 습관이 되면 책을 읽을 때뿐만 아니라 자신이 쓴 문장을 읽을 때도 적용돼 문장력이 좋아지게 됩니다.
- 소리 내어 읽으면 처음부터 끝까지 쉬지 않고 읽는 것이 아니라 끊어 읽게 되는데, 아무 데서나 끊어 읽는 것이 아니라 의미에 따라 끊어 읽게 되어 띄어쓰기나 언어의 유창성이 좋아집니다.

잠자리 독서(bed time story)

- 자연스러운 인성교육
  잠자리에서 자녀에게 책을 읽어주며 부모와 자녀는 생각을 공유하고, 질문과 답을 통하여 생각을 맞추어 가기도 합니다.
- 자녀에게 소리 내어 읽어주는 활동을 통해 애착관계가 형성됩니다.
- 어휘력, 사고력 확장
  부모님이 책을 읽어주는 것을 듣고 있다 궁금하거나 모르는 낱말이나 상식이 있으면 자녀는 질문을 합니다. 이에 대한 부모님의 대답과 상상력을 자극하는 질문을 통해 자녀의 어휘력과 상상력은 무궁무진하게 확장됩니다.

- 표정을 담아 읽어주기
- 아이의 눈을 보면서 읽어주기
- 실감 나고 재미있게 읽기
- 아이가 흥미 있어 하는 책이나 그림이 많은 책을 골라 읽어주기
- 읽어주는 도중에 아이의 질문에 답하거나 질문하며 이야기 나누기
- 같은 책을 2, 3회 반복해서 하루에 약 30분 이상을 꾸준히 읽어주기

- 부모(교사, 어른)가 한 번 읽어주고 나서 아이 스스로 읽어보게 하기
- 한 페이지씩 읽어주고 따라 읽게 하기
- 아이가 읽을 때 틀리게 읽더라도 읽는 도중에 지적하지 말고 끝까지 다 읽게 한 다음 정확하게 다시 읽어주기
- 소리 내어 읽는 것을 부끄러워하고 어색하게 여길 경우 반려동물에게 책을 읽어주는 것부터 시작하기
- 느리게 읽는 아이의 경우 반복해서 읽은 다음 점점 빠른 속도로 읽게 하여 속도감을 키우기

4 그림책 읽기

그림책에 대한 이해

- 그림책은 글과 그림이 상호보완적으로 의미를 전달하는 문학의 한 장르
- 어린이들이 세상에서 처음 만나는 책
- 그림책을 통해 경험해 보지 못한 사물과 삶에 대한 인지가 생겨나고 인성 형성에 기본적인 가치를 형성하게 함
- 그림책은 대략 24-32페이지로 거의 모든 페이지에 삽화가 있음

그림책 해석 기본 원리

- 그림(배경)의 맥락에서 이야기로 해석
- 이야기는 그림을 보는 방향 제시
- 문자로 말하지 않는 부분은 그림에서, 그림에서 표현되지 않는 부분은 문자에서 찾아야 하는 상호보완적인 관계
- 그림의 색, 배치, 상징성 등을 문자 이상으로 파악하며 읽어야 함
- 독자는 그림책을 감상할 때 글과 그림을 연결하여 이것이 전달하는 의미를 파악하고 상상을 더해 해석하는 과정을 거침
- 그림책은 단순히 글을 읽고 그림을 보는 것을 넘어 상상과 추론을 더해 자신만의 해석으로 느끼는 책

9 발표하기 연습

학생들에게 발표의 기회를 주는 것은 수업의 참여도를 높이는 좋은 방법 중의 하나입니다. 소극적인 아이를 둔 학부모들은 자녀가 학교에서 적극적으로 발표하고 생활하기를 기대하나 하루아침에 남들 앞에서 시원스럽게 발표하기란 쉽지 않습니다.

그러나 자신의 생각을 다른 사람과 나눈다는 것, 발표를 하고 또다시 친구들과 선생님에게 피드백을 받는다는 것은 중요한 경험입니다. 아이가 이런 기회를 가질 수 있도록 응원하고 독려하며 발표 연습을 시켜주셔야 합니다.

1 발표 불안의 일반적인 증상

1. 발표하는 일을 피하거나 미루고 싶다.
2. 발표할 때 앞을 똑바로 못 본다.
3. 긴장을 하다 보니 말을 서두른다.
4. 남들 앞에 서면 말이 머릿속에서 안 떠오른다.
5. 다른 사람이 알아듣기 힘들 정도로 목소리가 작게 나온다.
6. 말이 앞뒤가 맞지 않고 분명하지 않다.
7. 말이 자주 끊어지고 더듬거린다.
8. 목소리가 떨리고 억양 등이 어색하다.
9. 손을 비비거나 몸을 돌리는 등 손발이 어색하다.
10. 가슴이 두근거리거나 얼굴이 빨개진다.

2 발표를 잘하게 하려면

문제의 원인을 찾아라

가족 구성원의 태도 점검

• 발표력 부족의 원인이 가정에 있는지, 아이를 지적하기에 앞서 가족 구성원의 태도를 먼저 점검해 봐야 합니다.

• 자기 표현에 어눌한 아이의 부모들은 평소 아이 말에 귀 기울이지 않는 경우가 많습니다. 이런 상황은 남들 역시 자기 말을 귀담아듣지 않을 것이란 두려

움으로 남습니다.
- 또 아이의 언어습관은 부모를 그대로 모방한다는 점에서 부모 스스로 먼저 말에 관심 갖는 자세를 보여야 합니다.

충분히 기다리고 격려하라

즉각적인 답 요구하지 않기

- 대화 과정에서 부모가 질문을 했을 때 아이들은 즉각 대답하지 못하는 일이 있습니다. 성격이 급한 부모들은 이런 경우 5초도 채 버티지 못하고 정답을 말해 준다든지 아이를 다그치곤 합니다. 하지만 이런 태도는 아이를 발표에 더욱 소극적으로 만들 뿐입니다.
- 충분히 기다리고 격려해 주면 아이는 자연스레 자기가 하고 싶은 말을 하게 됩니다.
- 기다려도 아이가 답변하지 못하면 질문이 모호하거나 어렵기 때문일 수도 있으므로 질문을 쉽게 바꿔 보는 것도 방법입니다.

발표 연습을 하라

짧은 문장부터 목소리까지

- 짧은 문장부터 발표하는 연습을 합니다.
  가령, "나의 이름은 OOO입니다, 우리 가족은 O명입니다."부터 시작하여 한 문장씩 더 늘려가는 연습을 합니다.
- 자신 있는 주제부터 발표하는 연습을 합니다.
  자신이 잘 아는 내용은 하고 싶은 말이 많아져서 좀 더 길게 발표를 할 수 있습니다.
- 저학년은 종이 인형극이나 상황극, 역할극을 하며 자신감을 키워줍니다.
- 애완견이나 인형 등을 앞에 놓고 발표하는 연습을 합니다.
- 발표한 내용은 핸드폰에 녹음하여 들어보게 하고 스스로 문제점을 찾아보고 고쳐보게 합니다.
- 발표 시 목소리가 작은 것은 발성 연습이나 큰 소리로 책 읽기 등을 통해서 극복 가능하니 평상시에 큰 소리를 낼 수 있도록 연습시켜주는 것도 좋습니다.

10 시계 보기 공부

- 초등학교 1학년 수학 중 가장 어려운 단원이 시계 공부 단원입니다.

- 시계는 우리가 알고 있는 십진법이 아니라 12진법(12시가 되면 다시 1로 바뀌는 것)이나 60진법 (1분은 60초, 1시간은 60분이라서 60이 되면 다시 1로 바뀌는 것)을 사용하기 때문에 엄청난 혼란을 겪습니다.

- 1학년 수학에는 <시계 보기> 단원이 있으므로 미리 공부해 두지 않으면 시계 공부 단원에서 어려움을 겪을 수 있습니다. 더구나 요즘 아이들은 전자시계 읽기에 익숙해져서 아날로그 시계를 읽는 데 어려움이 많습니다.

- 평상시에 시계를 읽는 훈련을 시켜주시고 시계 보기 문제집을 사다 미리 공부해 두시면 <시계 보기> 단원에서 두려움이 생기지 않을 것입니다.

- 시계 공부는 모형시계를 이용하여 조작 놀이를 하며 자연스럽게 익히는 것이 좋습니다.

부록

Q&A

등교를 거부하는 아이

이유	
분리불안	• 엄마로부터 장시간 떨어져 있는 것에 대한 불안감이 커서 학교에 가지 않으려 하거나 학교에 갈 시간만 되면 특별한 이유 없이 여기저기 아프다며 등교를 거부합니다. • 영유아 때 애착관계가 적절하게 형성되지 않은 경우에 이러한 분리불안이 심하게 나타날 수도 있습니다. • 부모가 지나치게 보호하는 가정, 가족끼리 서로 지나치게 의존적인 가정 또는 가정불화가 많거나 엄마(또는 아빠)가 장기간 집을 떠나 있던 가정에서 분리불안이 발생하기 쉽습니다.
학습 장애 또는 학습이 버거울 때	• 지능이 기준 미달이거나 학습장애가 있는 경우에도 학교에 가기를 싫어할 수 있습니다. • 선생님 말씀을 알아들을 수가 없고 아무리 노력을 해도 성적이 좋아지지 않는 경우, 학교생활에 흥미를 잃어버려 학교에 가는 것을 꺼리게 됩니다.
우울증, 사회공포증, 정신질환으로 인해	• 우울증, 사회공포증 및 기타 정신질환의 증상으로 인해서 학교에 가는 것을 두려워하여 피하기도 합니다. • 특히, 중·고등학생이 학교에 가는 것을 거부할 경우에는 정신질환의 증상 때문일 가능성도 있습니다.
따돌림, 괴롭힘으로 인해	• 학교에서 따돌림이나 괴롭힘을 당하는 경우에도 학교에 가는 것을 두려워할 수도 있습니다. • 아이들은 학교에서 이러한 괴롭힘을 당하더라도 보복이 두렵거나 더 따돌림을 당할까 두려워서 부모님이나 선생님께 이야기하지 않는 경우가 많습니다. • 아이의 생활에 관심을 가지고 열린 마음으로 아이와 대화를 하고자 노력을 해야 합니다.

분리불안	• 분리불안 때문에 학교에 가는 것을 겁내는 경우에는 아이의 불안 정도를 점검해 가면서 단계적으로 해결해 나가는 것이 바람직합니다. • 즉, 일정한 기간 동안은 부모가 아이를 학교에 데리고 가서 수업 중에는 교실 밖에서 기다리고 있다가 수업이 끝나면 데리고 오도록 하면서, 점차 부모가 학교에 같이 머무는 시간을 줄여가며, 나중에는 학교에 데려다 주기만 하고, 종국에는 아이 혼자서 학교에 가도록 하는 것입니다. • 물론 분리불안을 악화시키는 가정 내의 요소가 있다면 이를 해소하는 것이 바람직합니다.
학습장애 또는 학습이 버거울 때	• 지능이 기준에 미치지 못하면 아이 능력에 맞는 교육기관을 찾는 것이 도움이 될 수 있습니다. • 학습장애가 있는 경우 특수교육을 받는 것도 좋습니다. • 지능이 나쁘지 않거나 학습장애가 아닌 경우에는 학습전략 면에서 문제가 있는지 점검해서 아이에게 맞는 학습전략을 세워줍니다.
우울증, 사회공포증, 정신질환으로 인해	• 우울증이나 사회에 대한 공포증과 같은 정신질환 등이 있으면 최대한 일찍 전문가와 상의하고, 필요한 경우 치료를 받는 것이 중요합니다.

Q2 친구와 싸우는 아이

이유

공격적인 부모 밑에서 보고 자란 경우	• 부모가 화를 참지 못하고 분노를 자주 표출하는 경우, 그것을 보고 자란 자녀들도 그렇게 따라합니다.
엄격한 부모가 자녀를 억압할 경우	• 자기보다 약한 사람에게 공격적인 행동을 해서 분풀이를 하는 경우도 있습니다. 이런 아이는 평소에 얌전하다가 갑자기 화를 내거나 공격적인 행동을 합니다.
과잉보호로 자란 경우	• 부모의 과잉보호로 자란 경우, 자기 마음대로 되지 않으면 공격적인 행동을 하기도 합니다. 또한 아이가 다른 아이들에게 공격적인 행동을 하였을 때 따끔하게 혼내지 않고 다시 아이를 감싸면 이런 행동이 사라지지 않고 계속 반복됩니다.
공격적인 행동을 할 때 요구를 들어줬을 경우	• 평소에는 관심을 보이지 않다가 아이가 공격적인 행동을 할 때 관심을 보이고 요구를 들어 주었다면, 아이는 관심을 얻거나 자신의 요구를 관철시키기 위해 공격적인 행동을 할 수 있습니다.
과도한 스트레스 때문에	• 아이들이 친구들과 마음껏 놀지 못하고 학원이나 공부로 스트레스를 받을 경우, 자신을 불쾌하게 하는 작은 행동에도 지나치게 반응하거나 폭력으로 표출합니다.
분노를 표현하는 방법을 모르는 경우	• 화가 났을 때 분노를 다른 방식으로 적절하게 표현하지 못하면 바로 행동으로 옮겨 상대를 때리기도 합니다.
폭력적인 비디오나 게임에 많이 노출된 경우	• 1학년 아이들의 발달 단계에서 나타나는 현상으로, 폭력적인 영화나 게임을 자주 접할 경우 영화나 게임 세계와 현실 세계를 구분하지 못하는 경우가 있습니다.

화를 다스리는 방법 가르치기	• 아이가 자연스럽게 모델링하도록 부모가 먼저 화를 다스리는 모습을 보여주고 화를 다스리고 올바르게 표출하는 방법을 알려주어야 합니다.
따뜻하고 부드러운 가정 분위기 조성	• 엄격한 부모 밑에서 자란 아이의 경우 학교에 오면 억압에서 벗어나 공격적으로 변하는 경우가 많아서 가정에서의 모습과 너무나 다른 모습을 보이기도 합니다. 따라서 가정 내 따뜻하고 부드러운 분위기를 조성하고, 아이를 억압하지 않도록 해야 합니다.
객관적으로 바라보기	• 자녀를 바르게 키우려면 좀 더 객관적으로 바라보고 지도하는 자세가 필요합니다. • 따라서 자녀가 다른 아이들을 공격적으로 대했을 경우, 자녀를 감싸기보다는 자녀의 잘잘못을 분명히 알려주고 스스로 해결할 수 있는 방법을 찾도록 지도해야 합니다.
약속과 규칙에 의해 선별적으로 받아주기	• 아이가 공격적인 행동으로 자신의 요구를 관철시키려 할 때 무조건 들어주지 않으려면 평상시에 자녀와 '자신의 요구를 대화로 풀어내는 방법'에 대해서 약속을 하거나 규칙을 정해서 습관을 들여놓아야 합니다.
놀 시간 충분히 주기	• 자신의 감정을 온전하게 풀어낼 시간이 필요하므로 충분히 놀면서 발산하게 하거나 스트레스받는 상황을 줄여주어야 합니다.
분노를 표출하는 다양한 방법 알려주기	• 분노가 쌓였을 때 그것을 표출하는 다양한 방법이 있다는 것을 알려주고 실천하게 해야 합니다. • 가령, 화가 나면 심호흡을 하면서 열을 세고 이야기를 한다, 화가 나면 핸드폰 문자나 메모를 써서 감정을 이야기한다, 또는 명상하기와 같은 다양한 방법을 알려주어야 합니다.
정서적으로 안정적인 시간 마련해주기	• 폭력적인 영화나 게임을 접하지 않도록 하고, 연령에 맞는 영화를 보게 하거나 식물 가꾸기, 반려동물과 놀게 하는 등 정서적으로 편안한 시간을 마련해 주어야 합니다.

참고

아이들 간의 싸움이 발생했을 때 혹시 매를 들거나 또 다른 공격적인 방법으로 대응하지 말고 다음과 같은 방법을 활용해보세요.

1단계 화를 가라앉히는 모습 보이기

잠시 눈을 감기 → 마음속으로 숫자를 세기 → 심호흡하기 → 아이 앞에서 의도적으로 마음을 가라앉히는 동작을 하거나 화를 가라앉히는 중이라고 말하기

2단계 아낌없이 칭찬하기

아이들은 칭찬을 받으면 실망시키지 않기 위해 노력하므로 자주 칭찬하기

3단계 자녀를 감정적으로 대하지 않기

아이의 감정 표현은 부모님의 영향을 많이 받으므로 부모님이 화가 났을 때 감정적으로 대하면 자녀도 똑같이 따라 합니다.
화가 나면 심호흡을 하고 상황 파악을 하여 이성적으로 대하도록 노력합니다.

Q3 따돌림을 당하는 아이

이유

이기적인 아이	• 남을 무시하거나 이기적으로 행동하면 주변 친구들의 마음을 사기 어렵습니다.

친구들 사이에서 존재감이 없는 아이
- 친구들 일에 관심이 없거나 친구들이 함부로 대해도 대항할 힘이 없어서 가만히 있거나, 그 일에 아예 무관심한 듯 행동하는 아이들은 학급에서 존재감이 뚜렷하지 않은 아이들입니다.
- 이런 아이들은 가해학생이나 학급 분위기를 주도하는 아이들이 만만히 여겨 함부로 대하거나 왕따를 시키는 경우가 많습니다.

튀는 행동을 하는 아이
- 남보다 튀는 행동을 하는 아이들은 따돌림을 당하기도 합니다.
- 예) 잘난 척, 예쁜 척, 착한 척, 돈 많은 척, 똑똑한 척, 지나친 아부, 어린애나 공주 같은 말투와 행동

눈치가 없는 아이
- 친구의 마음이나 분위기를 잘 파악하지 못하는 아이는 친구들이 싫어하는 행동을 멈추지 않고 반복적으로 해 불편하게 합니다.
- 예) 아무 때나 흥얼흥얼 노래를 부름. 근처에 앉은 친구들이 조용히 하라고 해도 전혀 미안해하지 않고 노래를 불러 불편하게 하는 경우

지저분한 아이
- 지저분한 아이는 친구들이 가까이 다가가려고 하지 않습니다.
- 예) 몸에서 냄새가 남, 머리를 안 감음, 콧물을 자꾸 흘리고 아무 데서나 코를 품, 자주 코딱지를 파거나, 옷차림이 남루함, 머리가 단정하지 않은 경우

고자질, 이간질 시키는 아이
- 친한 친구들 사이에서 거짓말, 고자질, 이간질 등으로 친구들에게 신뢰를 잃으면 친구 관계를 유지하기가 어렵습니다. 특히 사춘기에 접어들면 또래와의 의리를 매우 중시하기 때문에 한 번 잃어버린 신뢰를 회복하기는 매우 어렵습니다.

집단 문화에 적응하 지 못하는 아이	• 집안에서는 문제가 없는데, 집단생활을 해야 하는 학교에서는 적응을 하 지 못하는 경우, 친구를 사귀고 친구와 어울리는 것이 어려운 경우가 있 습니다.
기타	• 이 밖에도 전학을 왔거나 공부를 못하거나 집이 너무 가난하거나 부모님 중 한 분이 계시지 않아도 따돌림을 당할 수 있습니다. • 아이들이 따돌림을 당하는 이유는 다양하고 복합적이며 상황에 따라 다 르기 때문에, 문제를 단순한 도식으로 바라보지 않도록 주의해야 합니다.

잘못된 신념 바꾸기		• 다른 아이들이 싫어할 만한 행동을 눈치 없이 하는 모습을 보면 '저러니 따돌림 당하지'하고 생각할 수도 있으나 잘못된 신념입니다. • 이 세상에 따돌림을 당할 위험이 있는 아이는 있어도 따돌림을 당할 만한 아이는 아무도 없습니다.
가정에서 해결 방법		• 화목한 가정 생활모습을 부모가 모범적으로 보여줍니다. • 가정교육을 충실히 합니다. • 따돌림을 당했을 때 가해자부터 원망하지 말고 나부터 반성하는 마음을 길러줍니다. • 친구들과 어울릴 수 있는 방법을 지도합니다.
학생과 부모가 해야 할 일	피해 학생이 할 일	(1) 자기의 말과 행동을 잘 생각해 보고 따돌림을 당하게 된 이유를 찾습니다. (2) 무조건 피하기보다는 자신감을 가지고 당당하게 대처합니다. (3) 따돌리는 친구가 놀리거나 욕을 하며 괴롭힐 때는 울거나 화내지 말고 웃으며 상냥하게 대합니다. (4) 따돌리는 친구에게 편지를 쓰는 등 지금의 힘든 상황을 잘 전달하여 이해시키려고 노력합니다. (5) 지속적으로 따돌림을 당할 경우 자신에게 호의를 보이는 친구를 찾아 친해지도록 노력합니다. (6) 작은 일에도 관심을 가지며 융통성을 가지고 마음의 문을 엽니다. (7) 극복하기 힘들면 부모님, 선생님께 알려서 도움을 청해 봅니다.
	피해 학생 부모가 할 일	(1) 따돌림을 당하는 자녀를 비관하지 말고 용기를 주며 피해를 알았을 때 당황하지 말고 문제를 끝까지 해결해 줄 수 있다는 믿음을 심어줍니다. (2) 따돌림을 당하게 된 원인을 분석하고 부모가 잘못 지도했는지 반성하고 혼자서 해결하기 힘든 경우 믿을 만한 사람에게 요청합니다. (3) 확실한 증거가 있기 전에는 가해자나 가해자의 부모를 만나지 않아야 하고, 담임에게 이야기할 경우 따돌림의 원인, 피해 상황, 가해자 특성을 확실히 파악한 후 상담하고, 가해자와 가해자의 부모가 인정하면 다시는 따돌리지 않겠다는 각서를 받아야 합니다.

학생과 부모가 해야 할 일	가해 학생이 해야 할 일	(1) 상대방의 입장이 되어 생각해 봅니다. (2) 내성적이거나 소심한 친구들 속에 숨겨진 장점을 찾아본다. (3) 자신의 형이나 동생도 왕따가 될 수 있음을 깨달아 피해 학생을 이해하려고 노력합니다. (4) 학창 시절에 사귄 친구가 진정한 친구가 될 수 있음을 생각합니다.
	가해 학생 부모가 할 일	(1) 자녀를 무조건 감싸는 것이 자녀를 위하는 것이 아니므로 남을 따돌린 행동은 잘못된 것임을 인정하도록 합니다. (2) 가해 사실을 알고 자녀에게 폭력을 사용하거나 야단치기보다는 자녀의 행동 중 무엇이 잘못되었는지를 알게 하고, 자신이 따돌린 친구가 현재 얼마나 큰 고통을 당하고 있는지를 자세히 설명합니다. (3) 자녀도 따돌림을 당할 수 있다는 것을 설명하고, 피해자에게 정중히 사과하도록 합니다. (4) 자녀의 부정적 공격에너지를 긍정적 에너지로 전환시킬 수 있도록 도와줍니다. (5) 자녀가 자신의 행동에 대해 인정을 하지 않을 경우 전문가와 상담을 하고 행동과 성격을 교정하도록 도와줍니다.
방관 학생이 할 일		(1) 친한 친구가 따돌림을 당할 때, 같이 따돌림을 당할까 두려워 방관하지 말고 용기를 내 친구 편에 서는 것이 진실한 우정입니다. (2) 따돌림을 묵인함으로써 간접적으로 기여한 자신의 행동을 깊이 반성해야 합니다. (3) 잘못이 없는 친구가 따돌림으로 고통을 당했을 때, 도움을 주지 못한 경우 부끄럽고 후회가 되는 일임을 알게 합니다. (4) 따돌림을 당하는 친구와 솔직한 대화를 가져보게 합니다.

학교에서 볼 수 있는 집단따돌림 피해 아이의 특성

집단따돌림은 아이들이 쉬쉬하기 때문에 교사들이 파악하는 것은 쉽지 않다. 그래서 지속적인 관찰을 통해 도움이 필요한 아이들을 찾아내는 것이 중요하다. 집단따돌림을 당하는 아이가 학교에서 보이는 행동 특성은 다음과 같다.

- 안색이 안 좋고 평소보다 기운이 없어 체육 시간, 점심시간, 쉬는 시간에 혼자 떨어져 있다.
- 체험학습을 갈 때 차에 같이 앉을 친구가 없다.
- 옆에 앉는 걸 다른 아이들이 싫어한다.
- 발표를 하면 다른 아이들이 비웃는다.
- 이유도 없이 교사 주위를 맴돈다.
- 친구가 시키는 대로 따르거나 심부름도 한다.
- 친구에게 부당한 일을 당해도 따지지 못하고 웃기만 한다.
- 이름보다는 비하성 별명이나 욕으로 불린다.
- 성적이 갑자기 또는 서서히 떨어진다.
- 항상 완력 겨루기의 상대가 된다.
- '더럽다' '이상하다' 등의 말을 듣는다.
- 자주 결석이나 지각을 한다.
- 상처가 나거나 옷이 심하게 구겨진 것에 대해 제대로 설명하지 못한다.

집에서 볼 수 있는 집단따돌림 피해 아이의 특성

- 다른 아이들의 괴롭힘에 대한 피해를 자주 말한다.

- 갑자기 학교에 가기 싫어하고 학교를 그만두거나 전학 가고 싶어 한다.

- 수련회, 수학여행 및 체육대회 등 행사에 참석하기 싫어한다.

- 학교에 가거나 집에 올 때 엉뚱한 길로 온다.

- 집에 돌아오면 피곤한 듯 주저앉는다.

- 부모와 눈을 잘 마주치지 않고 피한다.

- 자기 방에 틀어박혀 있는 시간이 많다.

- 전보다 용돈을 자주 달라고 요구하며, 때론 훔치기도 한다.

- 잘 때 식은땀을 흘리면서 잠꼬대나 앓는 소리를 한다.

- 몸에 상처나 멍이 들어 있다.

- 옷이 더럽혀 있거나 찢겨 있는 경우가 많다.

- 전화를 받고 갑자기 외출하는 경우가 잦다.

- 같이 어울리는 친구가 거의 없다.

- 학용품이나 소지품이 자주 없어지거나 망가져 있다.

- 공책, 가방, 책 등에 낙서가 많이 쓰여 있다.

- 내성적이고 소심하여 초조한 기색이 보인다.

- 작은 일에도 깜짝깜짝 놀란다.

- 머리나 배 등이 자주 아프다고 호소한다.

- 무슨 생각에 골몰해 있는지 정신이 팔려있는 듯하다.

- 학교 성적이 떨어진다.

출처: 법무부·교육인적자원부(2008), 2008학교폭력예방가이드북 재인용

Q4 입을 열지 않는 아이

이유

조음기관의 이상

- 혀가 짧거나 조음기관의 이상으로 'ㅅ' 소리를 'ㅌ'으로 발음할 수 있습니다. '선생님'은 '턴탱님'으로 '사과'는 '타과'로. 이런 발음을 들은 아이들이 웃음거리로 삼아 놀리면 아이는 충격을 받아 아예 입을 다물어 버리기도 합니다.

낙인

- 말을 잘 안 하다 보니 점점 주위에 친구들이 모이지 않고, 대화할 일이 없어지니 거의 말을 하지 않고 하루를 보냅니다.
- 아이들은 점점 그 아이에 무관심해지고 누군가 "쟤 왜 말을 안 하지?"하고 물어보면 "쟤, 원래 그래요."하고 낙인(labeling)을 찍습니다.
- 그러다 보면 학교에선 아예 입을 다물고 말을 하지 않아서 목소리조차 아는 아이들이 없을 정도가 됩니다.

지나치게 내성적인 아이

- 친구들과 이야기를 하거나 발표를 했을 때, 듣는 아이들이 웃으면 무안함을 느끼고 위축이 됩니다.
- 자기가 말한 것을 가지고 비웃거나 놀리는 것이 아닌데도 그것을 개인화하여 자기가 놀림감이나 비웃음거리가 되었다고 생각하고, 아예 입을 다물어 버리기도 합니다.

선택적 함묵증

- '선택적 함묵증'은 가족 혹은 소집단 내에서는 대인관계에 아무런 문제가 없지만 특별한 상황, 장소, 대상에게는 전혀 말하지 않는 경우를 말합니다.
- 아이에게 충격적 사건이나 환경의 변화와 같은 명백한 유발 인자가 원인이 된다고 보기도 하고, 다른 연구자는 가족 내 갈등의 결과로 나타난다고 주장하기도 합니다.
- 최근에는 '선택적 함묵증'이 불안장애의 일종이라는 주장이 제기되고 있습니다.

다른 생활에 장애가 없으면 문제 삼지 않기	• 말을 하지 않는 것 외에 학교를 오가는 일, 급식 시간에 식사하는 일, 쉬는 시간에 화장실 이용하는 일 등 학교생활에서 함께 활동하는 일에는 잘 어울리고 있다면, 문제화하지 않는 것이 아이를 더 편하게 해줄 수 있습니다. • 최근에는 혼자 잘 지내는 아이들을 그대로 인정하자는 분위기가 있습니다.
놀잇감을 가지고 놀기	• 말을 하지 않는 아이들은 친구를 사귀기가 쉽지 않습니다. 저학년 때부터 이런 증상을 가진 아이를 교사가 세심하게 살펴 주지 않으면 고학년이 될 때까지 깊은 친구 관계를 맺기 어려울 수 있습니다. • 따라서 교실에 재미있는 놀잇감을 준비해 두고 입을 열지 않는 아이와 함께 놀도록 의도적인 상황을 만들어 주면, 활동을 통해 점점 아이의 말문이 트일 수 있습니다.
사랑하고 있음을 알리기	• 하루에 한 번 이상은 아이가 말을 하든 하지 않든 친구들이 말을 걸도록 합니다. • 아이는 대답은 하지 않더라도 이야기를 들으며 안도감을 느끼기도 합니다.
원하지 않으면 억지로 시키지 않기	• 집에서는 말을 잘하는데 학교에만 오면 말을 안 한다면, 학교를 편안하게 느끼도록 교사가 특별한 관심을 가지고 노력해야 합니다. • 예를 들면, 읽기 활동이나 발표와 같이 부담되거나 아이가 원하지 않는 활동은 억지로 시키지 말고 '원할 때' 하라고 얘기해줍니다.
종이에 하고 싶은 말 적기	• 그 아이의 생각을 꼭 알아보고 싶을 때는 종이에 할 말을 쓰게 합니다. • 그 아이와 의사소통할 수 있는 공책을 따로 만들어 놓고 일지를 쓰듯이 자기 생각을 적게 하면 중요한 기록 자료로도 활용할 수 있습니다.
녹음기를 이용한 놀이하기	• 부모와 자녀가 단둘이 앉아서 녹음 놀이를 해 볼 수 있습니다. • 교사가 묻고 아이가 대답하는 것을 반복하면서 녹음을 한 후, 재생을 해 보면서 아이가 자신의 말소리를 확인하도록 하다 보면 말하는 데 점점 익숙해질 것입니다.

Q5 친구가 없는 아이

수줍은 성격

- 유독 수줍음이 많은 것은 타고난 기질(성격)일 가능성이 가장 크며, 그 밖에 부모님의 과잉보호나 과도한 걱정 등이 작용한 것일 수도 있습니다. 혹은 어릴 적 크게 창피를 당했거나 수치심을 느꼈던 충격적인 사건 이후에 성격이 변한 아이도 있습니다.
- 수줍음이 많은 아이들은 대개 낯선 환경에 적응하는 데 시간이 오래 걸리고 친구에게 먼저 다가서지 못하며, 사귀자는 친구의 신호에도 적절하게 반응하지 않는 경향이 있습니다.

피해의식

- 친구가 장난을 치거나 농담조의 말을 할 때 비슷한 분위기로 받아넘기지 못하고 '친구가 나를 놀린다(혹은 무시하거나 괴롭힌다)'는 식으로 받아들이는 아이가 있습니다.
- 친구들이 모여서 얘기를 하면 자신의 험담을 늘어놓는다고 생각하는 아이도 있습니다.
- 이러한 아이는 친구를 늘 경계하고 의심하기 때문에 마음을 터놓으며 친구 관계를 맺는 것이 어렵습니다.

자기중심적인 성격

- 친구를 배려하지 않고 자신의 욕구만을 앞세우면 친구들과 깊게 사귀는 것이 어렵습니다.
- 활달하면서도 붙임성 있는 성격인 아이들이 처음에는 친구들을 많이 사귀었다가 학기 말이나 2학기가 되어서 친구가 별로 남아 있지 않다면 이러한 원인 때문이라고 볼 수 있습니다.

공격적이고 충동적인 성향

- 공격적인 성향이 있어 친구를 지배하고 싶어 하고 신체적 혹은 언어적인 공격 행동을 자주 보인다면 친구들이 호감을 보일 수 없습니다.
- 이러한 아이는 친구들이 거부할 가능성 또한 매우 높습니다.
- 충동성이 강할 경우 자신이 하고자 하는 행동은 꼭 해야 하거나 하고 싶은 말을 참지 못하고 내뱉기 때문에 친구들에게 상처를 줄 수 있습니다.

공격적이고 충동적인 성향	• 따라서 공격적이고 충동성이 강한 ADHD(주의력결핍과잉행동장애)를 갖고 있는 아이들은 또래 관계를 잘 맺지 못하는 편입니다.
부적절한 언어 사용	• 부적절한 언어(욕, 거친 말 등)를 쓰는 아이들도 친구들이 불편해서 거리를 둡니다.
친구에 대한 관심 결여	• 친구에 대한 관심이 없어도 대인 관계 형성에 어려움이 있습니다. • 친구들과 어울리기보다는 혼자 있거나 노는 것을 더 좋아하는 아이들이 있는데 혼자서 특정한 분야의 내용을 깊이 있게 파고든다거나 만들기 및 수집 활동에 유독 관심이 많습니다.

낯선 환경이나 사람에게 익숙해지기	• 학년이 바뀌거나 교육기관이 바뀔 때마다 미리 새로운 장소에 함께 가보는 것이 좋습니다. • 긍정적인 예측('좋은 친구들이 많이 있을 거야' 등)을 해준 다음에 긍정적인 암시('너는 친구들과 잘 지낼 거야' 등)를 해줍니다. • 친구들을 종종 집으로 초대하면 보다 더 친숙하고 편안한 장소에서 친구를 사귀게 되므로 많은 도움이 됩니다.
자신감을 키우기	• 아이의 사소한 행동에도 칭찬을 많이 해주면 자신감이 향상되고 거부에 대한 두려움도 사라지게 됩니다. • 설사 거부의 말을 듣더라도 칭찬을 통해서 자신감이 높아진 상태라면 긍정적으로 받아들일 수 있습니다.
아이의 마음 읽어주기	• 아이의 속상한 마음을 읽고 위로해주고 긍정적인 해석으로 바꾸어주는 과정이 필요합니다. • 예) '친구들 때문에 많이 속상했구나, 친구들이 너를 싫어해서가 아니라 장난치느라 그랬을 거야' 등 • 만일 아이의 마음을 읽어주는 대신 아이의 피해의식 자체를 문제 삼고 나무란다면, 아이의 상처는 더욱 커질 것입니다.
배려하는 마음 훈련하기	• 가족 간 배려하는 마음을 보여주고 아이에게 가족을 위한 말과 행동을 연습시키는 것도 효과적인 방법입니다. • 물건을 사거나 음식을 먹을 때 가족에게 먼저 골라보라고 권유하는 훈련, 다른 사람의 얼굴 표정을 살펴보고 그 사람의 기분 상태를 알아내는 연습도 필요합니다. • 그 후 이런 마음을 친구들에게도 적용해 보도록 합니다.
공격적인 말과 행동 시 제재하기	• 아이가 공격적인 말과 행동을 한다면 그 즉시 단호하게 훈육해야 합니다. • 다른 사람에게 보이는 공격적 성향은 절대로 용납되지 않음을 지속적으로 가르칠 필요가 있습니다. • 아이 스스로도 자신의 공격성을 고쳐야 할 문제점으로 받아들이게끔 주변 사람들이 계속 인식을 시켜주어서 변화해야 함을 강조합니다.

참을성 기르기	• 충동적인 아이라면 하고 싶은 말이 있어도 먼저 생각을 충분히 하고 난 다음에 말하도록 가르쳐야 합니다. • 욕구를 참는 훈련도 병행해야 합니다. • 예) 지금 갖고 싶은 물건이 있다고 말하면 2주 동안 기다린 후에 사주도록 합니다.
친구와 사귀는 것의 즐거움 경험하기	• 친구를 사귀는 것의 즐거움을 깨닫고 경험하게 할 필요가 있습니다. • 친구를 사귀는 것 자체에 관심이 없어도 친구와 어울려 놀아본 좋은 기억이 있다면 그런 경험을 갖기 위해 친구를 사귀어 보려고 할 것입니다.

출처: 손석한, 레이디경향, [Child Care Clinic]친구가 없는 우리 아이

친구 사귀기 4단계

아이들이 친구를 사귀지 못하는 데는 매우 복합적인 원인들이 있습니다. 수줍음이 많거나, 자기중심적인 성향이 강하거나, 자존감이 낮거나, 피해의식이 크거나, 공격적인 성향이 강해서와 같이 다양합니다.

아이들은 학교에 입학하면서 소속감과 책임감을 느끼게 됩니다. 가족 속에서의 자기중심적인 사고방식에서 벗어나 점차 사회집단에서 어울리고 적응해 나가는 노력을 하게 됩니다. 그러나 다른 아이들과 유독 어울리지 못하는 아이들이 있습니다. 부모님이 친구들을 사귈 수 있도록 모임을 만들거나 이벤트를 기획하기도 하지만 당시에만 조금 어울릴 뿐 이내 혼자가 되는 아이들이 있습니다.

친구를 사귀기 위해서는 다음과 같은 4단계의 마음가짐과 노력들이 필요합니다.

1단계 상대방 마음에 공감하기 ≫ 2단계 입장 바꿔 생각하기 ≫ 3단계 적절하게 자기 주장하기 ≫ 4단계 조율하고 타협하기

정서 발달이 미숙한 아이

정서 발달이 미숙한 아이는 친구와 공감대를 형성하지 못해 친구를 사귀는 데 어려움이 따릅니다. 아이는 자신의 감정을 인식하고, 조절하고, 표현하는 능력을 부모의 정서로부터 고스란히 배우므로 부모는 식사를 하거나, 마트에 가거나, 놀이를 하는 등 일상 생활 속에서 아이와 대화를 나누면서 자연스럽게 감정적으로 호응하고 공감하는 모습을 보여주어야 합니다.

가정에서 부모가 아이에게 보였던 감정, 특히 화가 났을 때나 상대방의 행동이 맘에 들지 않았을 때 보여주었던 감정들이 제대로 조절되지 못하고 분출되었다면 아이는 학교에서 보았던 그대로 자기 감정을 표출하여 주변 친구들을 불편하게 하는 경우가 생길 수 있습니다.

친구를 사귀려면 타인과의 관계에서 공감대를 형성하고 상대에 대한 배려심을 지녀야 하며 서로의 의견을 조율하고 타협할 줄 알아야 원만한 교우관계를 만들 수 있습니다. 따라서 친구를 사귀게 하려면 부모와 자녀와의 관계에서, 상대의 감정에 공감하는 자세, 상대방의 입장을 헤아려 보는 자세, 자신이 하고 싶은 말을 감정적이지 않고 부드럽게 전달하는 자세, 그리고 의견이 다를 경우 그것을 조율하고 타협하는 모습 등을 생활화할 수 있도록 해주세요. 그런 생활 자세가 몸에 배면 자녀는 학교 친구들에게도 그렇게 대하면서 친구들과 가까워질 것입니다.

싸울 때 대응방법

아이들 간의 싸움이 발생했을 때 매를 들거나 공격적인 방법으로 대응하지 말고 다음과 같은 방법을 활용해보세요.

1) 화를 가라앉히는 모습 보이기
   잠시 눈을 감기 → 마음속으로 숫자를 세기 → 심호흡하기 → 아이 앞에서 의도적으로 마음을 가라앉히는 동작을 하거나 화를 가라앉히는 중이라고 말하기
2) 아낌없이 칭찬하기
   아이들은 칭찬을 받으면 실망시키지 않기 위해 노력하므로 자주 칭찬하기
3) 자녀를 감정적으로 대하지 않기
   만성적으로 싸움을 하는 아이들에게 다음과 같은 방법으로 대응을 해주세요.

단계	대응 방법
1	일단 멈추고 진정하기
2	싸움에 대한 서로의 입장 말하기
3	싸움의 결과를 따져 보기
4	문제 해결을 위한 대안 제시하기
5	최고의 선택을 하고 실천하기

출처: 한국 청소년 상담원, 바른 행동의 길 다지기

Q6 고자질을 자주 하는 아이

이유

해결 방법을 모름	• 저학년 아이들은 문제가 발생했을 때 문제를 어떻게 해결해야 할지 몰라 무조건 선생님에게 일러바치기도 합니다. • 집에서도 문제가 발생하였을 때마다 부모에게 말하면 그때마다 부모가 나서서 문제를 해결해 주었기 때문에 학교에서도 선생님이 똑같이 문제를 해결해 줄 것이라고 생각합니다.
친구를 혼나게 하기 위해	• 평소 자신이 미워하거나 싫어하는 친구가 혼나기를 바라는 마음에서 고자질하는 아이가 있습니다. • 평소에 상대 아이를 유심히 지켜보고 있다가 잘못하는 순간 얼른 선생님에게 알려 혼나게 합니다.
교사의 관심을 끌기 위해	• 저학년에서 이런 아이들을 많이 볼 수 있는데, 비교적 중요한 일이 아닌데 계속해서 선생님에게 친구들을 고자질하는 아이가 있습니다. • 이런 아이들은 대부분 선생님의 관심을 끌기 위해 하는 경우가 많습니다.
자기는 착한 아이라는 걸 내보이기 위해	• 친구들의 잘못을 부각시킴으로써 자신은 그런 행동을 하지 않았으니 착하다는 것을 드러내고자 하는 아이가 있습니다. • 자신의 착함을 드러내고자 하는 이면에는 선생님에게 인정받고 싶은 마음이 숨어 있습니다.
상황을 자신에게 유리하게 하기 위해	• 똑같이 잘못을 했어도 고자질을 하면 고자질한 아이가 상대적으로 잘못을 덜 한 느낌이 들 수 있습니다. • 이런 경우에는 교사가 주의를 기울여야 합니다. 왜냐하면 고자질한 아이가 잘못을 덜 했다는 느낌에 상대편을 더 혼낼 수도 있습니다. 게다가 고자질하는 아이가 말을 잘하는 아이이고, 상대편이 말을 잘 못하는 아이라면 더욱더 그렇습니다.

너무 고지식한 아이일 경우	• 학급 아이들 중에 친구들의 잘못을 그냥 넘어가지 못하는 아이가 있습니다. • 이런 아이는 선생님이 말씀하신 것을 모든 아이가 반드시 지켜야 한다고 생각합니다. 만약 그렇지 못할 경우 반드시 선생님께 알려 친구들이 잘못한 것에 대하여 그에 상응하는 꾸중이나 벌을 받도록 하는 것이 정당하다고 생각합니다.

'고자질'과 '사실 알림'의 차이 설명해 주기	• 아이들에게 '고자질'과 '사실 알림'에 대해 명확히 설명해 줍니다. 친구가 다쳤다거나 위험한 상황에 처했다는 것을 말하는 것은 고자질이 아니고 책임감 있는 행동이므로 이런 때는 꼭 부모에게 말해야 한다고 알려줍니다. • '사실 알림'이란 친구들을 곤경에 빠뜨리는 것이 아니라 곤경이나 위험에서 벗어나도록 도움을 주는 것입니다. 예를 들면, 친구가 높은 곳에 올라가 놀고 있는 경우, 위험한 물건을 가지고 장난을 하는 경우, 친구가 다른 사람들에게 맞고 있는 경우 등입니다. • 이러한 경우가 아닌 단순히 친구가 혼나기를 바라는 마음에서 하는 것은 '고자질'이며, 이는 바람직하지 못한 것임을 알려줍니다.
상대의 잘못에 칭찬 넣어 말하기	• 친구에 대한 어떤 잘못을 이야기할 때 반드시 칭찬을 넣어 말하도록 합니다. 이렇게 말하다 보면 아이들의 고자질이 점점 줄어드는 것을 경험할 수 있습니다. "피구를 잘하는 김민석이 제 물건을 가져가서 안 줘요." • 만약 고자질이 줄어들지 않는다면 강도를 높여 칭찬의 수를 늘려 말하도록 한다. "발표 잘하고 그림 잘 그리는 하윤이가 복도에서 뛰었어요."
의사 표현을 직접 하도록 하기	• 고자질을 하기에 앞서 스스로 문제를 해결하기 위해 노력해 보게 합니다. 예를 들면, 친구가 자꾸 놀려서 고자질하려고 하는 아이들에게 "네가 놀리는 것이 싫어. 앞으로 놀리지 마."라고 자신의 의사를 명확히 표현하도록 합니다. • 자신의 의사 표현을 명확히 몇 번이나 반복했는데도 친구가 들어주지 않으면, 그때 도움을 요청하게 합니다.

해결 방법 가르치기	• 간혹 고자질을 하는 아이 중에는 해결 방법을 몰라서 무슨 일이든 달려 와서 이야기하는 아이가 있습니다. • 해결 방법을 알아야 교사나 부모에게 의존하는 습관을 버리고 스스로 해결할 수 있게 되므로, 이러한 아이에게는 문제를 해결할 수 있는 방법을 알려 줍니다. • 예) 놀리는 친구에게 다음과 같이 말합니다. "네가 놀리니 기분 나빠. 앞으로 놀리지 말아 줘. 너도 그런 놀림을 받는다면 싫을 거야. 하지 말라고 하는데도 계속 나를 놀린다면 선생님이나 부모님에게 얘기할 수밖에 없어."
고자질을 하지 않았을 때 아낌없이 칭찬하기	• 계속해서 고자질을 하던 아이가 고자질을 하지 않고 스스로 문제를 해결했을 때 아낌없이 칭찬합니다. • 평소에는 고자질을 했을 상황을 그냥 넘어갔다면 이 또한 칭찬합니다. 약간 과장된 칭찬을 해도 좋습니다. 이렇게 함으로써 아이는 고자질을 하지 않아도 교사에게 충분한 관심을 받을 수 있다는 것을 직접 느끼게 됩니다.
친구 칭찬하기	• 친구의 잘못이나 실수를 찾기보다는 친구의 좋은 점을 찾아서 칭찬을 하다 보면, 고자질할 것을 찾기보다는 칭찬거리를 찾게 됩니다.

Q7 뭐든지 오래 걸리는 아이

이유

아이의 능력 부족

- 하고자 하는 마음은 있으나 그만큼의 능력이 안되는 경우입니다. 이런 경우 누적된 학습결손이 가장 큰 원인입니다.
- 또래 아이들과 달리 교사나 부모의 지시 내용 중에서 생략된 부분을 파악하지 못합니다.
- 파악하지 못한 부분에 대해서는 질문을 하여 이해하지 못한 부분을 해결해 나가야 함에도 불구하고, 미처 그런 해결 방법이 있다는 것을 생각하지 못합니다.

매사 의욕 없음

- 매사에 의욕이 없으며, 학습된 무기력으로 낮은 자존감과 스스로에 대해 낮은 기대치를 가지고 있습니다.
- 다른 영역은 활동성이 강한데 학습 영역만 그런 아이가 있는 반면, 전반적인 생활 영역 전체가 의욕이 없고 활동성이 낮은 아이가 있습니다. 당연히 학습 수행에서도 의욕 없는 모습을 보입니다.
- 이런 아이에게는 동기부여할 수 있는 관심사를 찾는 것이 우선입니다.

습관의 문제

- 마무리를 하지 않아도 된다는 마음가짐이 습관이 되어있습니다. 마무리를 짓지 않아도 생활하는 데 불편함이 없었던 것이 그대로 습관화되어 있습니다.
- 이러한 아이들의 성장 배경을 살펴보면 과잉보호를 받아 온 경우가 종종 있습니다.

남의 일에 지나치게 간섭

- 관심의 초점이 과제 중심보다 관계 중심에 있어서 활동성이 강하지만 주어진 시간 안에 할 일을 다 못합니다.
- 자신의 수행 과제보다 주위 친구들에게 관심이 있기 때문에 매우 부지런해 보이지만 단위 시간 내에 수행 과제를 완결 짓지 못합니다.

해당 단위 시간을 적절히 활용하는 방법을 모름	• 학교 학습의 특성은 모든 장면에서 일정한 구조화를 요구합니다. • 따라서 정해진 시간 내에 주어진 과제를 시작하여 마쳐야 하는데, 시간 개념이 없어서 수업 준비에 지나치게 시간이 오래 걸리고, 본 활동을 하기보다는 주변 정리 및 준비에 많은 시간을 보냅니다.
심한 스트레스 상태	• 부모의 이혼 과정, 심각한 또래 관계, 또는 학교 폭력에 노출되어 있어서 심한 스트레스 상황에 놓여 있는 경우입니다. • 이 경우 수행이 느린 아이는 평소보다 유난히 더 늦는 모습을 보이므로 세밀한 관찰이 필요합니다.
낮은 부모의 기대치	• 부모가 아이를 믿지 못하고 불안해 하는 경우입니다. 이러한 현상은 아이가 빨리 입학했거나 체격이 왜소하거나 허약할 때 많이 나타납니다. • 부모의 불안과 염려는 아이에게 그대로 전달되기 때문에, 아이는 자신은 늦어도 괜찮다고 생각합니다.
우선 순위가 바뀐 완벽주의	• 완벽주의에 가까운 아이들 중에 나타나는 현상인데, 해당 과제를 제시간에 해내는 것이 아닌 현재 수행 과제와 관련한 자신의 관심사를 최대한 완벽하고 꼼꼼하게 처리하다 보니 과제를 수행하는 데 있어 우선 순위가 잘못 형성되어 수행 속도가 늦어지기도 합니다.

현재 상황에서 아이에게 기대하는 수준을 분명히 하기	• 먼저 부모가 자신의 기대 수준을 분명히 해야 합니다. 수행이 늦는 아이에게 기대해야 하는 것은 주어진 과제에 대한 마무리임을 되새길 필요가 있습니다. • 아이가 마무리를 짓지 못하는 일이 많아지면 부모의 마음은 다른 생각과 감정들로 복잡해지기 마련입니다. '그렇게 열심히 설명했는데, 도대체 무얼 듣고, 무얼 하고 있었을까?' 등의 생각으로 자칫하면 아이에 대한 미움이나 부적절한 감정 반응으로 이어질 수 있습니다. • 이처럼 감정에 휘말리는 것을 예방하려면, 항상 '내가 이 아이에게 기대하는 것은 과제 수행이다.'라는 것을 상기해야 합니다.
아이에 대한 교사 기대치의 한계 정하기	• 경우에 따라서는 아이가 과제를 수행하는데 시간을 어느 정도 줄지, 해야 할 분량을 어느 정도로 할지에 대해 타협점을 찾는 것이 좋습니다. • 아이의 수행 능력이 분명하게 떨어진다면, 일반적인 아이의 절반 정도 혹은 2/3 정도를 하게 하여 수행 과제의 수준에 맞추어 줍니다.
마무리에 대한 규칙 정하기	• 마무리에 대한 규칙을 정합니다. • 그날의 과제를 마무리해야 한다는 규칙을 정해 시작한 일을 마무리하는 게 당연한 것이 되도록 학급 분위기를 만들어야 합니다.
해야 할 일을 작게 나누어 제시하기	• 제시하는 과제의 양을 작게 나누는 것이 필요합니다. • 특히 단위 시간의 구조화가 되어 있지 않은 아이에게는 각 단계별로 수행 과제를 내 주고, 시간을 짧게 준 후 확인합니다.
동기부여하기	• 아이에게 동기를 부여하는 가장 좋은 방법은 '칭찬과 격려'입니다. • 수행이 늦는 아이의 대부분은 다른 생활 영역에서도 그다지 칭찬받을 요소가 없습니다. 그렇더라도 의도를 가지고 아이를 칭찬하려는 노력을 해야 합니다.

과제를 잘게 나누어 제시한다. ≫ 시간을 설정한다. (3분 이내의 시간) ≫ 수시로 확인한다.

아이를 자세히 관찰하고 필요하면 개인 상담하기

- 수행이 늦는 아이가 유난히 더 늦어진다면, 아이를 자세히 관찰할 필요가 있습니다.
- 등교 시간을 점검하고, 쉬는 시간에 아이의 행동반경을 자세히 관찰하고, 일기나 발표 등의 활동을 통해 자세히 살피며, 혹시 아이에게 무슨 문제가 있는 것은 아닌지 알아보아야 합니다.
- 대개 부모가 이혼 과정 중이거나 가족 중에 아픈 사람이 있을 때, 혹은 학교 폭력이나 또래 관계에 문제가 있을 때 아이의 수행이 유난히 늦어질 수 있습니다.

Q8 걸핏하면 우는 아이

이유

관심을 받기 위해	• 가정에서 울 때마다 부모가 관심을 보였기 때문에 그것이 습관화되어 학교에서도 그대로 하는 경우입니다.
자기 의견을 관철시키기 위해	• 자기가 하고 싶은 것을 아무리 주장해도 들어주지 않았는데 울었을 때는 부모가 해주었다면 아이는 그것이 강화되어 학교에서도 원하는 것이 있을 때마다 걸핏하면 우는 것입니다.
적절한 대처 방법을 찾지 못하였을 때	• 자신의 입장을 설명해야 하는데 어떻게 해야 할지 모를 때, 울음으로 모든 상황을 회피해 버리려는 것입니다. • 예를 들면, 잘 있다가도 교사가 약간만 잘못을 지적하거나 질문을 하면 아이는 자신의 입장을 어떻게 설명할지 몰라 그냥 우는 것입니다. 울면 더 이상 대답하지 않아도 되기 때문입니다.
동점심을 유발하기 위해	• 상대방으로 하여금 동정심을 유발하여 자신에게 유리하도록 하기 위한 경우도 있습니다. • 많은 경우 두 아이가 똑같은 잘못으로 싸웠다 하더라도 화를 내며 씩씩거리는 아이보다 울고 있는 아이에게 측은함을 느끼며 관대하게 대하는 우를 범할 때가 많습니다. 이러한 것을 경험한 아이라면 자신에게 불리한 상황이 오면 우는 행동을 통해 상황을 유리하도록 만들려 할 것입니다.
천성적으로 민감한 아이인 경우	• 민감한 성격을 타고난 아이들은 다른 아이들이 대수롭게 생각하지 않는 것도 마음이 움직여 크게 반응합니다. • 친구들의 작은 농담도 이런 아이들에게는 마음에 크게 다가와 울게 되는 것입니다.
허약한 경우	• 몸이 너무 아프고 허약해서 우는 아이도 있습니다. '머리가 아파요.' '배가 아파요.'라며 울면 달래거나 야단치기에 앞서 아이의 건강 상태를 점검해 보아야 합니다.

화를 내거나 야단치지 않기	• 아이가 울 때는 화를 내거나 야단을 치지 않도록 합니다. '대체 무엇 때문에 우는 거니?' '말을 해야 알지 그렇게 울기만 하면 네 마음을 어떻게 아니?'라는 식의 말을 하며 화를 내거나 야단을 치지 않습니다. • 일시적으로는 큰 소리로 야단치면 일시적으로 울음을 그칠 수도 있지만 아이는 수치심이나 불안감을 느껴서 더욱 울게 됩니다.
울음을 멈출 때까지 관심 보이지 않기	• 걸핏하면 우는 아이를 다루는 데 가장 효과적인 방법은 울음을 멈출 때까지 관심을 보이지 않는 것입니다. 모른 척하면 처음에는 더 크게 울지만 점차 울음소리가 작아지면서 멈춥니다. • 울음을 그치면 그때 관심을 보이고 아이가 하는 말을 진지하게 들어줍니다. 아이가 원하는 것을 무조건 들어주는 것이 아니라 부모가 해줄 수 있는 것인지 아닌지를 정확히 이야기합니다. • 앞으로는 울면서 이야기하면 들어주지 않을 것임을 명확히 합니다.
자리 피하기	• 상대하지 말고 자리를 피하는 것이 좋습니다. • 울음을 그치게 하려고 원하는 것을 받아주면 그 아이는 자신의 요구 조건을 관철시키기 위해 언제든지 울어 버릴 것입니다.
민감한 성격의 아이	• 민감한 성격을 타고난 아이한테는 모른 체한다거나 혼을 내는 것이 아니라 조금 엄한 목소리로 말하는 것만으로도 충분합니다. 너무 엄하게 다가가면 울음이 더 잦아집니다. • 이런 아이에게 선택의 기회를 주는 말을 하면 좋습니다. 예를 들면, '이렇게 울면서 미술 시간을 보내겠니? 아니면 작품을 멋지게 만들까?'라는 식으로 제시합니다. • 한편 이런 아이는 타인에 대하여 잘못된 신념(생각)을 가지고 있지는 않은지 살펴볼 필요가 있습니다. 예를 들면, 친구들은 그냥 웃었는데 이 아이는 자신을 놀리는 것으로 생각할 수 있습니다.
미리 관심 보이기	• 아이가 울기 전에 미리 관심을 보이는 것이 좋습니다. 아이들의 문제 행동을 살펴보면, 자신이 잘못할 때만 관심을 보이기 때문에 부모의 관심을 받기 위해 그런 행동을 하는 경우가 많습니다.

평소 자신의 감정이나 요구 사항을 말하는 연습시키기

- 걸핏하면 우는 아이들을 보면, 대부분 자신의 감정이나 요구 사항을 똑바로 말하지 못하고 울음으로 대신 표시하는 경우가 많습니다.
- 이런 아이들의 경우에는 별도로 자신의 의사를 표현하는 훈련이 필요합니다.
- 울음을 그친 후에 자신의 감정이나 요구 사항을 말로 표현해 보는 연습을 시켜봅니다. 어려워하면 처음에는 종이에 적어 보게 하고 점차 말로 의사표현할 수 있도록 합니다.

정리정돈을 못하는 아이

이유

물건에 대한 책임감 부족	• 물건이 아쉬운 아이들이 많지 않은 이유는 무엇일까? 대부분의 아이는 물건에 대한 책임을 져 본 적이 거의 없기 때문입니다. • 자신의 물건을 잘 정리하지 않는 아이들 대부분은 물건을 잃어버리는 일이 허다한데, 그래도 생활하는 데는 별 지장이 없으니 물건을 잘 관리해야 하는 필요를 느끼지 못하는 것입니다. • 잃어버린 물건에 대해서 책임을 지게 하는 자세가 필요합니다.
부모가 먼저 치워 줌	• 많은 부모가 아이의 방이 어지럽혀 있으면 잔소리를 하고, 아이가 스스로 치우기 전에 부모가 먼저 치워 줍니다. • 결국 아이는 스스로 물건을 정리해 본 적이 별로 없고, 정리를 안 해서 불편함을 느낀 적도 없으므로 스스로 치울 생각을 하지 않습니다.
정리하는 방법을 모름	• 정리하고 싶은 마음이 있어도 방법을 잘 몰라서 정리하지 못하는 경우가 의외로 많습니다. • 예를 들어, 큰 상자에 장난감을 쓸어 담는 것만으로 장난감 정리를 했다고 생각하는데, 장난감의 종류별로 분류하고 원래의 위치에 갖다 놓는 것 등을 가르쳐야 합니다. • 학교에서도 사물함과 책상 서랍 안에 종류별로, 규칙을 세워 정리해야 하므로 정리하는 기술이 필요합니다.
일을 마무리하지 않고 이것저것	• 아이가 정리할 시간도 주지 않고 또 다른 일을 시키면, 정리는 안 하고 이 일 저 일을 정신없이 하고 맙니다. • '정리'를 잘하는 사람은 한 가지 일을 다 마무리하고 다른 일을 시작하는 습관을 가진 사람입니다.
산만하고 집중을 못 하여 다른 생활에서도 문제가 많음	• 아이가 다른 일은 다 잘하는데 정리만 못한다면, 정리하는 습관이 잘 길러지지 않은 것이지만, 다른 일에서도 집중을 못하고 산만하다면, 그것은 아이의 기질이나 다른 면에 문제가 있는 것입니다.

아이에 대한 기대 수준 낮추기	• 물건이 여기저기 흩어져 있으면 보기에도 좋지 않고, 주변 아이들에게도 피해를 끼치기 때문에 반드시 바로 잡아야 하지만, 쉽게 고쳐지지 않습니다. • 따라서 정리하는 습관을 한 단계씩 길러주어야 합니다.
부모님의 주변 살펴보기	• 부모님의 모습은 아이들의 교본이 되므로 부모님 주변부터 정리정돈하는 일상을 보여주어야 합니다.
정리하는 습관의 좋은 점 알려주기	• 무조건 정리하라고 말하기 전에 정리하는 습관의 좋은 점을 알려주면 도움이 됩니다. • 정리를 하면 물건이 필요할 때 잘 찾아 사용할 수 있어서 편리하므로 정리는 '귀찮은 것'에서 '꼭 해야 하는 것'으로 생각이 바뀌게 해야 합니다. • 정리하는 습관을 가진 사람은 공부나 일의 체계가 생기고 능률적이며 기억력과 집중력을 높여 주는 데 도움이 됩니다. • 다른 사람의 도움 없이 스스로 정리하기 때문에 자립심과 책임감을 길러주고 다른 사람을 배려하는 사회성도 길러줍니다.
한 단계 한 단계씩 정리하기	• 자기 물건을 정리정돈하기 어려워하는 아이가 모든 것을 한꺼번에 정리하기를 바라는 것은 어려우므로, 일주일간 하나의 목표만을 정해서 하나씩 목표를 이루어가며 한 달간 지도하는 식의 인내가 필요합니다.
정리정돈 방법 알려주기	• 정리하는 방법을 가르쳐주고 실제로 해보는 활동을 반복하여 습관화해야 합니다. • 정리정돈을 가르칠 때는 무엇보다 '어디에, 무엇을, 어떻게 두어야 하는지'를 알려주는 것이 우선입니다.
잃어버린 물건에 대해서 책임지기	• 정리정돈을 소홀히 하여 잃어버린 물건에 대해서는 스스로 책임을 지도록 합니다. • 자신이 잘못해서 잃어버렸으면서 없어졌다고 떼를 쓰는 아이에게는 명백히 자신의 책임을 인정하고 그것을 받아들이도록 해야 물건에 대한 책임감이 생길 수 있습니다.

정리정돈 이렇게 가르치세요!

❶ 부모부터 솔선수범합니다. 먼저 집안의 모든 물건의 자리를 정하고, 사용 후 반드시 제자리에 갖다 두는 규칙을 두어 가족 모두가 지키도록 합니다.

❷ 아이가 엄마처럼 정리하는 것은 불가능합니다. 처음에는 서툴러도 일단 물건을 제자리에 갖다 두는 것으로 시작하는 것이 좋습니다.

❸ 아이가 정리한 것이 마음에 안 들어도 그냥 두어야 합니다. 부모가 대신 정리해 주기 시작하면 아이는 자기 물건을 치우지 않아도 된다고 생각하거나, 잘 치우지 못할 것을 겁내 치우기를 꺼립니다.

❹ 반복을 통해 정리하는 습관이 몸에 배도록 합니다. 쉬운 것부터 정리하는 데 익숙해지면 점차 정리하는 습관이 생깁니다. 습관이 생기면 자연스럽게 지저분한 것을 싫어하게 됩니다.

❺ '귀찮은' 정리를 열심히 하는 아이는 칭찬받아 마땅합니다. 칭찬을 받은 아이는 정리를 즐겁게 생각하게 되며 깨끗해진 방을 보고 만족감을 느낍니다.

❻ 장난감을 갖고 놀 때에는 모든 장난감을 한 곳에 쏟아 부어 놓고 정신없이 갖고 놀게 하지 말고, 종류별로 다른 바구니에 담아 와서 가지고 놀 수 있게 합니다.

❼ 자신에게 작아져 버린 옷이나 더 이상 보지 않는 책, 어렸을 때 가지고 놀던 장난감을 가려내어 재활용 가게나 쓸 수 있는 다른 사람들에게 주는 것도 정리정돈을 잘하는 방법임을 가르쳐 줍니다.

출처: 조선일보(2004.03.15.)

Q10 학원 선택은 어떻게?

막상 학교를 보내면서 학원 걱정을 하시는 부모님들이 많습니다. 학습이 뒤처질까 우려하여 보내시는 분들도 있고, 하교 후에 돌봐 줄 보호자가 없는 경우 자녀가 학원을 돌면서 퇴근 시간까지 맞춰야 하는 상황 때문이기도 하죠. 기왕 학원을 보내려면 어떤 종류의 학원을 보내야 할지 다음 사항을 살펴보시고 상황에 맞는 선택을 하시면 좋을 것 같습니다.

학원보다 놀이		• 아이들은 충분히 놀아야 정서적으로 안정감이 생기며 사회성이 길러지고 창의성도 계발됩니다. • 아이들은 놀이를 통해 자기 표현을 하게 됩니다. 자신의 무의식이나 전의식 단계의 감정을 의식적인 수준으로 표현할 수 있도록 해주는 것이 '놀이'입니다. • 아이들은 마음속의 공격성이나 충동성, 불안을 놀이에서는 마음대로 표현하며 정서적인 안정을 찾을 수 있습니다. • 따라서 1학년은 학업 중심의 보습학원보다는 놀이 중심의 학원이나 예체능 학원을 우선으로 보내는 것이 좋습니다.
학원을 선택하는 기준		• 학원 선택의 기준은 무엇보다도 아이의 선호도를 고려해야 합니다. 무조건 공부 관련 보습학원을 보낼 것이 아니라, 아이의 재능과 소질을 찾을 수 기회를 갖는 것이 중요합니다. • 1학년의 경우에는 학업 중심의 학원보다는 예체능 학원이 다양한 경험을 할 수 있게 합니다. • 대규모 학원보다는 가까이서 부족한 점을 찾아 책임감 있게 메꿔줄 수 있는 작고 책임감 있는 학원이 좋습니다. • 숙제를 많이 내주는 학원은 아이에게 과중한 스트레스를 주어 학교에서 학원 숙제를 해야 하는 경우가 생깁니다. 30분 내외에 할 수 있는 과제 정도가 좋습니다.
예체능 활동을 통해 숨은 재능 찾기	미술 학원	• 예전에는 초등학교에 입학하면 미술 학원과 피아노 학원을 보냈으나 요즘엔 영어 학원이나 수학 학원을 보내는 경향이 있습니다. • 그러나 초등학교 1학년에서 가장 많이 하는 활동은 미술입니다. 오리고, 접고, 칠하고, 그리는 활동이 모든 교과에 걸쳐있으므로 미술을 통한 표현 방법을 알게 되면 학업이 훨씬 수월합니다. • 미술 활동은 소근육을 발달시킬 뿐만 아니라 상상력이 넘치는 창의적인 발상을 하게 되어 창의적인 아이로 성장하게 됩니다.
	음악 학원	• 음악 학원의 경우 다양하게 악기를 경험해 보게 하는 것이 좋으나 악보를 읽거나 청음 등을 위해서는 피아노부터 시작하는 것이 좋습니다.

예체능 활동을 통해 숨은 재능 찾기	음악 학원	• 피아노를 배우면, 악보를 잘 읽을 수 있어서 3학년부터 배우는 리코더나 단소 등을 배울 때 어렵지 않게 따라갈 수 있습니다. 단, 피아노를 배울 때는 진도를 생각하지 마시고 즐겁고 재미있게 배우도록 하셔야 스트레스 받지 않고 오랫동안 지속적으로 배울 수 있습니다. • 요즘에는 학교에서 음악 수업을 통해 2-3년간 지속적으로 오카리나나 클라리넷, 바이올린, 플루트 등을 배울 수 있는 기회가 있습니다. 따라서 기초적인 피아노만 배운다면 악보를 읽는데 어려움이 없어 다른 악기를 배우는 데도 좋습니다.
	체육 학원	• 초등학교 1학년의 체육 활동은 거의 놀이에 가깝습니다. 놀이를 통해 체력을 기르고 규칙과 사회성을 기르기도 합니다. • 요즘 체육 학원은 태권도장뿐만 아니라 인라인 스케이트 타기, 방송 댄스, 요가, 음악 줄넘기 등 매우 다양합니다. • 태권도 학원에서는 태권도뿐만 아니라 줄넘기나 피구 등 학교에서 하는 놀이 등을 병행해서 가르치기도 하여 여학생들도 많이 다니기도 합니다.
풀타임 종합 프로그램 운영 학원		• 장점 - 맞벌이 부부일 경우 아이가 학교 수업이 끝나면 집으로 가지 못하고 학원을 도는 경우가 많습니다. 다른 학원으로 이동할 때마다 보호자가 이동을 시켜주지 못하는 경우에 부모님들은 한 곳에서 모든 것을 다 배울 수 있는 학원을 선호합니다. - 풀타임 종합학원은 아래 표와 같이 주 단위로 프로그램을 지루하지 않게 다양한 활동을 하게 합니다.

<풀타임 종합학원 프로그램 예시>

(Esther) 영어-RPB- Esther	요리과학	(Esther) 영어-RPB- Esther	창의미술 (초급) 미술실	영어융합 (원어민)
음악줄넘기 태권도장	창의미술 (초급) 미술실	피아노- 최숙자 피아노실	피아노- 최숙자 피아노실	발레

풀타임 종합 프로그램 운영 학원	• 단점 - 종합학원의 경우 이미 짜인 프로그램에 따라 수강을 해야 하므로 자신의 선택 의지와 상관없이 프로그램에 맞추어야 하는 경우가 많습니다. - 매주 똑같은 장소에서, 똑같은 아이들과 예체능뿐만 아니라 선행학습을 하는 경우가 대부분인데, 이런 경우 아이 스스로 학습계획을 짜거나 선택하고 판단할 수 있는 기회를 빼앗겨 자기주도적으로 활동할 수 있는 능력을 기르지 못하게 됩니다.

Q11 우리 아이가 ADHD?

개요 **ADHD 아이의 유형**

- 주의력결핍과잉행동장애(ADHD-Attention Deficit Hyperactivity Disorder)
- 발병 시기는 보통 3-6세로 7세 이전에 발병합니다.
- ADHD 아동은 유아기부터 자극에 지나치게 민감하며 소음, 빛, 온도 등의 환경 변화에 과민 반응을 보이고, 잠들기가 어려우며 자주 웁니다.
- 걸음마기 이후에는 활동이 부산하고 위험한 행동을 서슴없이 합니다.
- 유치원이나 학교에 가서는 가만히 앉아 있지 못하고, 자리에 앉아도 지나치게 많이 움직이며 손발을 꼼지락거립니다. 수업 중에 교사의 지시를 따르지 않으며, 주의가 산만하여 자주 지적을 받습니다.
- 사소한 자극에도 폭발하며, 정서가 불안정하고, 충동성 때문에 참을성이 없거나 실수가 잦아서 자주 사고를 냅니다. 학습장애나 언어장애가 동반되는 경우가 많으며, 이차적으로 정서장애와 행동장애가 흔하게 동반합니다.

특징 **ADHD 유형과 특징**

주의력결핍형	• 일의 자세한 내용에 대한 주의가 부족하거나, 공부, 일 또는 다른 활동에 있어 부주의한 실수를 많이 합니다. • 공부를 포함하여 어떤 일이나 놀이를 할 때 주의 집중을 하지 못합니다. • 다른 사람이 직접 이야기하는 데도 경청하지 않습니다. • 정당한 지시에 따르지 못하는 경향이 있으며, 학교 숙제, 일상, 가정의 일, 또는 작업실에서의 의무 등을 적절히 마치지 못합니다. • 일이나 활동을 조직화하고 체계화하는 데 문제가 있습니다. • 학교 공부, 숙제 등 지속적으로 정신적인 노력이 필요한 일이나 활동을 피하거나 싫어하거나 하기를 꺼려합니다. • 일이나 활동에 필요한 물건들을 쉽게 잃어버립니다. • 외부의 자극에 대하여 쉽게 산만해집니다.

주의력 결핍형	• 일상생활의 활동을 자주 잊어버립니다. • 멍하니 딴 생각을 합니다. • 얘기를 잘 듣지 않는 것처럼 보입니다. • 해야 할 일들이나 약속 등을 잘 잊어버립니다.
과잉행동형	• 손이나 발을 계속 움직이거나, 자리에 가만히 앉아 있지 못합니다. • 학교 등 한 자리에 가만히 앉아 있어야 할 상황에서 이곳저곳 돌아다닙니다. • 상황에 부적절하게 이곳저곳 뛰어다니거나 지나치게 높은 곳으로 기어오릅니다. • 놀이에 어려움이 있거나 조용히 놀지 못합니다. • 항상 부산하고 바쁘며, 마치 모터가 달린 듯이 끊임없이 움직입니다. • 말을 너무 많이 합니다.
충동성	• 질문이 끝나기도 전에 불쑥 대답합니다. • 순서를 잘 지키지 못합니다. • 흔히 다른 사람들의 일을 방해하거나 다른 사람들 일에 끼어듭니다. • 생각 없이 말하고 행동합니다. • 차를 살펴보지 않고 길에 뛰어듭니다.
복합형	• 위 세 가지 영역의 증상이 모두 나타나는 것으로 가장 흔한 유형입니다. • 공격성이 나타나기도 하는데 대부분의 ADHD 아이가 이 유형에 속합니다. • ADHD의 일차적인 증상은 주의력결핍, 과잉행동, 충동성 등이지만 많은 ADHD 아이가 또래들로부터 거부, 부모와의 갈등, 가정불화, 낮은 자존감, 정서 불안 등의 이차적인 문제로 힘들어하고 있습니다. • 다수의 ADHD 아이들에게서 품행장애나 학습장애, 기분장애, 적대적 반항장애와 같은 행동적, 정서적 장애가 함께 나타납니다.

유전적 요인	• ADHD 아이 중 30-40%는 부모나 형제 중에 주의력결핍 문제가 있는 것으로 보고되고 있으며 일란성 쌍생아의 경우 뚜렷하게 ADHD 일치율을 보이고 있습니다. 하지만 나머지 60-70%의 경우 이러한 문제를 가진 가족이 없다고 보고되는데, 이는 유전적 요인만이 주의력결핍의 원인이라고 볼 수 없음을 시사합니다.
환경적 요인	• 임신 당시 임산부의 영양 부족, 흡연, 과도한 스트레스, 감염, 출생 시 신생아의 뇌 손상 등이 주의력결핍과 관련이 있다는 보고가 있습니다. • 가족 내의 갈등 상황, 부모의 지나친 통제, 부모의 성숙하지 못한 양육 방법은 ADHD가 되는 중요한 요인이 될 수 있습니다. 하지만 이러한 환경적 요인은 정확하게 인과관계를 밝히기 어려운 점이 있습니다.
신경생물학적 요인	• 최근 연구에서는 ADHD 아이의 뇌가 일반 아이의 뇌와 다르다는 것이 밝혀지고 있습니다. • ADHD 아이 중 15-20%가 뇌파검사에서 이상 뇌파가 발견되었습니다. • ADHD가 있는 경우는 뇌량 사이의 정보 전달 영역이 조금 작으며, 오른쪽 전뇌 피질이 조금 작은 것으로 나타났고, 집중력을 관할하는 뇌 부분의 활성화가 떨어진다고 보고되었습니다. • 이런 연구 결과는 ADHD가 있는 사람의 전두엽 기능이 손상되었을 가능성에 대해 고려해 보게 됩니다. 또 신경전달물질인 노르에피네프린이나 도파민에 영향을 주는 자극제 약물이 ADHD를 치료하는 데 효과적임을 볼 때, 노르에피네프린이나 도파민의 이상이 ADHD의 원인이 될 수 있다고 보기도 합니다.

1. 어떻게 치료하나요?

- ADHD에는 약물 치료가 가장 효과적입니다. 환자의 80% 정도가 분명한 호전을 보입니다. 집중력, 기억력, 학습 능력이 전반적으로 좋아집니다. 과제에 대한 흥미와 동기가 강화되면서 수행 능력이 좋아집니다. 더불어 주의 산만함, 과잉 활동, 충동성은 감소합니다. 부모님과 선생님을 잘 따르고 긍정적인 태도가 나타납니다.

- 하지만 약물 치료만으로 모든 것이 해결되는 것은 아닙니다.

- 병에 대한 정확한 정보를 얻고 아이를 도와줄 수 있게 하는 부모 교육, 아동의 충동성을 감소시키고 자기조절 능력을 향상시키는 인지행동 치료, 기초적인 학습 능력 향상을 위한 학습 치료, 놀이 치료, 사회성 그룹 치료 등 다양한 치료가 환아의 필요에 맞게 병행되어야 합니다

2. ADHD의 약물 치료는 안전한가요?

- ADHD의 약물 치료는 적어도 1년 반에서 2년 정도 이루어져야 합니다. ADHD의 약물 치료는 고혈압이나 당뇨에서처럼 주의력결핍과 과잉행동 증상을 조절하는 역할을 하기 때문입니다.

- 최근에 나온 연구에 의하면 ADHD 치료 약물이 뇌 기능뿐 아니라 뇌 구조의 발달도 또래 아동 청소년과 비슷한 정도로 회복시켜준다고 합니다.

- ADHD 치료 약물의 주된 부작용은 식욕이 줄고 잠자는 시간이 늦어지는 것입니다. 주로 약물의 효과가 지속되는 점심시간에 식욕이 줄고 저녁시간에 다시 식욕이 회복되는 경향이 있습니다. 식욕이 줄어들기는 하지만 성장에 미치는 영향은 크지 않습니다.

- 이런 부작용이 있기는 하지만 ADHD 치료 약물은 전반적으로 장기 투약을 하더라도 안전한 것으로 알려져 있습니다. 중독되거나 내성이 생기지 않으며, 머리가 나빠지게 하지도 않습니다. ADHD 치료 약물의 부작용은 대부분 투약을 중단하면 바로 회복됩니다.

3. 부모나 교사는 어떻게 할까요?

- ADHD 환아는 충동적이고 산만한 행동 때문에 야단이나 꾸중과 같은 부정적인 피드백을 자주 듣습니다. 따라서 환아는 주변에서 말을 안 듣는 아이나 문제아로 평가되며, 스스로도 자신을 나쁜 아이, 뭐든지 못하는 아이로 생각합니다. 이런 일이 반복되면 환아는 더욱 자신감이 없어집니다. 주의 집중 결함이나 충동성 때문에 또래 관계가 힘들어지고, 따돌림을 당하기도 합니다.

**3. 부모나 교사는
어떻게 할까요?**

- 따라서 자신감을 회복할 수 있도록 칭찬거리를 찾아서 최대한 많이 칭찬해 주는 것이 필요합니다. 문제 행동을 지적할 때는 감정을 싣지 않고 가라앉은 목소리로 단순하게 지시하는 것이 좋습니다. 부모나 교사가 흥분하거나 화를 내는 모습을 보이면 ADHD 환아가 쉽게 따라 하게 됩니다.

- 주의를 흐트러트릴 수 있는 자극이 적도록 치료적인 환경을 조성하는 것도 필요합니다. ADHD는 비교적 잘 치료되는 문제입니다. 가장 중요한 것은 우리 아이가 또래 아이들과 비슷하게 잘 자랄 수 있다는 것에 대한 믿음을 가지는 것입니다.

지금 내 아이를 위해
필요한 부모역할은 무엇일까?

아이들이 원하고 바라는 부모의 이상형

영국의 심리학자 허츠 박사는 24개 나라 8-14세 어린이 10만 명을 대상으로 아이들이 원하고 바라는 부모의 이상형을 조사하였습니다. 다음은 요약한 내용입니다.

- 자녀 앞에서 싸우거나 말다툼하지 않는 부모
- 자녀에게 거짓말하지 않는 부모
- 자녀의 질문에는 어떤 경우에도 성의 있게 대답하는 부모
- 자녀들을 똑같은 애정으로 대해주는 부모
- 자녀의 친구를 손님처럼 대해주는 부모
- 자녀에게 너그러운 부모
- 자녀와 친구가 되어주는 부모
- 친구나 동생 앞에서 꾸짖거나 차별하지 않는 부모
- 변함없는 애정과 관심으로 자녀를 대하는 부모
- 자녀의 자기실현을 위해 풍부하고 새로운 경험을 제공하는 데 인색하지 않은 부모
- 꼴찌를 할망정 최선을 다하고 성실하게 노력하는 습관을 길러주는 부모
- 끊임없는 인내심과 참을성을 가지고 자녀를 대하는 부모
- 자녀의 개성을 존중하는 부모
- 모든 면에서 자녀에게 본을 보여주는 부모

마지막으로 나의 자녀를 생각하면서 '내 아이에게 필요한 부모역할'을 작성해 봅시다.
초등학령기 자녀를 둔 부모에게는 어떤 역할이 필요한가요? 특히 지금 나의 자녀를 위해 필요한 부모역할은 무엇인가요? 어떤 부모가 되겠다는 부모상도 만들어 보고, 구체적으로 어떤 역할에 힘써야 할지 생각해 적어봅시다.

나는 이런 부모가 되겠습니다.

자녀를 초등학교에 보내면서 나의 다짐을 써봅시다.

저자약력

김미자

서울용암초등학교 수석교사
서울교대 국어교육과, 서강대 언론대학원 미디어교육, 영상 전공
담임교사 경력 25년, 수석교사 경력 10년

교실수업실천연구대회 1등급, 서울시교육청 독서지원단, 한글교육지원단, 수업연구지원단, 디지털
미디어리터러시 교육 연구지원단, 서울시 교육정책 연구 수행
초등검정고시 출제 및 검토위원(2016-2018)

연수 자료 개발 및 강의 참여
서울시교육연수원 <협력수업, 스토리텔링>, <미디어 리터러시> 서울시교육연수원 원격연수 개발
및 강의, 신규교사 연수, 제1전자격연수 강의
교육부 중앙연수원 <2015 개정교육과정>, <과정중심평가>, <미래교육> 원격연수 자료 개발 및
강의

교재 개발
서울시교육청 자료집 <공부틀 만들기>, <기초부진학습 제로>, <생각 쑥쑥 표현 술술>, <안전교
육> 교재 개발, <인성중심 공감교육> 교재 개발 외

저서
<On 교육과정 재구성>(2019, 박영스토리), <원격수업시대>(2020, 박영스토리)

초등학교 입학, 1학년 생활의 모든 것 학부모가 알아야 할 모든 Tip

초판발행	2023년 1월 5일
중판발행	2024년 1월 30일

지은이	김미자
펴낸이	노 현

편 집	김다혜
기획/마케팅	김한유
표지디자인	Ben Stroy
제 작	고철민·조영환

펴낸곳	(주) 피와이메이트 서울특별시 금천구 가산디지털2로 53, 한라시그마밸리 210호(가산동) 등록 2014. 2. 12. 제2018-000080호
전 화	02)733-6771
f a x	02)736-4818
e-mail	pys@pybook.co.kr
homepage	www.pybook.co.kr
ISBN	979-11-6519-355-3 93370

정 가   15,000원